KB097863

남편을
버려야

내가
산다

마음의 자립을 시작한 여자를 위한 심리학

남편을 버려야 내가 산다

ⓒ 박우란 2021

1판 1쇄 2021년 8월 10일
1판 9쇄 2024년 7월 17일

지은이 박우란
펴낸이 유경민 노종한
기획편집 유노라이프 권순범 구혜진 **유노북스** 이현정 조혜진 권혜지 정현석 **유노책주** 김세민 이지윤
기획마케팅 1팀 우현권 이상운 **2팀** 이선영 김승혜 최예은
디자인 남다희 홍진기 허정수
기획관리 차은영
펴낸곳 유노콘텐츠그룹 주식회사
법인등록번호 110111-8138128
주소 서울시 마포구 월드컵로20길 5, 4층
전화 02-323-7763 **팩스** 02-323-7764 **이메일** info@uknowbooks.com

ISBN 979-11-91104-18-9(03180)

- — 책값은 책 뒤표지에 있습니다.
- — 잘못된 책은 구입한 곳에서 환불 또는 교환하실 수 있습니다.
- — 유노북스, 유노라이프, 유노책주는 유노콘텐츠그룹 주식회사의 출판 브랜드입니다.

박우란 지음

남편을
버려야

내가
산다

마음의 자립을 시작한
여자를 위한 심리학

유노
라이프

사랑에 자립하고 싶은
당신에게

남편과의 관계가 너무 소원해 고통스러워하는 여성이 상담실을 찾아 왔습니다. 그녀는 남편과 관계를 회복하고 싶다고 했습니다. 분석을 진 행하는 과정에서, 저는 그녀의 남편을 한번 만나 보고 싶다고 요청했고, 남편 또한 적극적으로 참여 의사를 밝혔습니다. 하지만 정작 내담자인 그녀가 망설였습니다. 사실 그녀는 남편과 자신의 거리와 고통스러운 긴장감 안에서 홀로 슬픔과 외로움을 즐기고 있던 것입니다. 그 사실을 깨닫자, 그녀는 충격을 받았습니다. 남편과 자신 사이에 어떤 변화가 일 어나고 멀어진 사이가 좁혀지는 것을, 자신의 무의식이 원하지 않는다 는 사실을 알아차린 순간이었지요.

남편을 버려야 내가 산다

제가 변화를 지켜보자고 제안한 후, 그녀는 남편과 같은 집에 있으면서도 자신만의 공간에 빠지는 순간, 묘한 설렘이 일어난다는 사실을 자각했습니다. 이전까지는 그저 남편한테 문제가 있어서 자신이 불행을 겪는다고만 생각했고, 그래서 그것을 해결해야 한다고만 여겼는데 뜻밖의 발견에 그녀는 큰 충격을 받았습니다.

이처럼 우리의 무의식은 고약한 방식으로 무언가를 즐기고 있습니다. 물론 그녀의 무의식이 슬픔과 외로움을 즐기게 된 이유는 원 가족과의 관계와 소통 방식에서 비롯된 것이기는 합니다. 아버지의 폭력적인 성향과 한 치 양보도 없는 어머니의 대응이 이루어지던 전쟁 같은 곳에서 어린 시절의 그녀가 선택한 적응 방식은 누구와도 말을 섞지 않는 고립이었지요. 슬프고 우울한 자신만의 세계로 들어갔던 것입니다. 그녀는 학교에 가서도 말수를 줄이면서 자신의 슬픔과 비극을 한순간도 놓지 않았고, 그것이 성인이 되어 결혼생활까지 이어졌다는 사실도 알게 되었지요. 결국 그녀가 원하는 것이 남편의 변화나 진정한 소통이 아니었다는 사실도 알게 되었습니다.

그녀는 지금껏 유지해 온 남편과 긴장 상태가 그대로 유지되지 않을지도 모른다는 무의식적 위기감을 느꼈지요. 왜냐하면 관계는 한 사람만의 충동이나 에너지만으로는 어떤 방향으로도 흐를 수 없으니까요. 의식적으로는 관계 개선으로 화목한 가정을 꾸리겠다고 생각했겠지만 정말 관계를 회복할지도 모를 순간, 무의식의 깨달음이 있었던 것입니다.

그녀는 그 사실을 알아차렸다는 것만으로 지금까지 납덩이처럼 무겁게 느껴지던 삶이 깃털처럼 가벼워지는 느낌이라고 말했습니다. 이해되지 않던 많은 조각이 퍼즐처럼 맞춰진다고도 했습니다.

저는 상담자이자 정신 분석가로서 결코 분석의 주체인 내담자의 고통을 제거할 수 있는 힘도 권한도 없습니다. 내담자가 어떤 선택을 하든 그것을 알아차리도록 돕는 조력자 이상은 아무것도 아닙니다. 모든 것은 내담자가 스스로 해냅니다.

삶이 온통 애도로 가득 찬 여성들이 상담실을 방문합니다. 더 이상 남편에게 사랑의 대상이 아니어서, 내가 지금껏 헌신한 모든 것이 무의미함으로 무너져 내려서, 한 걸음도 앞으로 나아갈 수 없는 무력감에 시달려서, 가정을 지키는 일이 힘에 부치는 아내들이 간신히 손을 뻗어 상담실의 문을 두드립니다.

애도는 자신도 의식하지 못한 사이에 어떤 것을 반복해 고통을 겪을 때, '무의식적 애도(증상적 반복)'로 되풀이됩니다. 마치 장례식장에서 곡소리를 내며 울기를 반복하며 망자를 보내고, 남은 자의 상실을 달래는 행위와 같습니다. 자신도 모르는 반복에 의해 같은 지점을 돌며 고통스러운 삶의 자리를 벗어나지 못한 상태이지요. 이는 '상징적 애도(건강한 반복)'와 비교할 수 있는데, 상징적 애도는 무엇을 상실했는지 누구를 떠나보내야 하는지 안다면 무의식적 애도는 무엇을 애도하고 있는지도 모른

남편을 버려야 내가 산다

채 같은 지점을 돌며 고통스런 삶의 자리를 벗어나지 못한 상태를 말합니다. 이런 무의식적 애도에 지쳐서, 무엇을 애도하는지도 모른 채 반복적인 애도 때문에 삶이 무너지는 순간을 맞은 여성들이 많습니다.

많은 것이 변화하고 가족의 형태가 과거와는 급격하게 달라졌음에도 우리의 의식은 남성 중심의 시선, 가부장적인 의식의 억압에서 자유로워지지 못합니다. 무조건 남성을 우선시한다고 가부장적인 것도 아니고, 여성이 목소리를 높이고 사회에서 높은 지위를 획득한다고 해서 남성 중심의 세계관에서 벗어난 것 역시 아닙니다. 오히려 대치하고 대결하는 것은 더욱 남성적인 세상으로 가는 것이지요. 그래서 아직도 많은 여성들이 무의식에 깔린 가부장적 구조 안에서 삶이 정지되고 우울과 고통을 마주하는 것입니다.

우리의 무의식은 마음 한 켠에 은밀하고 음흉하게 숨었다가 튀어나오는 실체가 아닙니다. 정신 분석가 중에서도 마치 어두운 곳의 어떤 것을 헤집어 드러내어 맑고 투명하게 만드는 것을 분석의 대의라고 여기는 경우도 있지만, 무의식은 무겁고 무시무시한 어떤 것이 아닙니다.

라캉은 "무의식은 언어로 구조화되어 있다"라고 했습니다. 의식의 구조는 언어이고, 언어는 하나의 문화권의 지대한 영향을 받습니다. 그렇게 언어의 유입 과정에서 여러 가지 표상(상징과 이미지)이 개인의 무의식을 지배합니다. 의식의 저편에 떠돌아다니는 그 표상은 어떤 대상, 어떤 상황이 되면 증상으로 발화하기도 하고 특정한 행위로 반복하기도 합니다. 내가 누구와 관계를 맺는지, 서로의 무의식이 어떤 표상에 지배되는지에 따라 관계의 패턴과 서사는 달라집니다. 지금의 내가 왜 이런 고통의 자리에 서 있는지, 이런 유형의 사람에게 이끌리는지, 이런 자리에서 넘어지는지도 이와 관련이 깊습니다.

라캉은 다시 이렇게 말합니다.

"선택은 나쁜 것과 좋은 것 사이에서 일어나는 것이 아니라 나쁜 것과 더 나쁜 것 사이에서 일어난다."

우리는 짧은 만족, 작은 것을 유지하기 위해 커다란 대가를 치르는 선택을 합니다. 어떤 대가를 치르는지 의식조차 하지 못한 채 말이지요.

대가를 치르는 많은 것 중 사랑이 있습니다. 사랑은 왜 여성에게 그토록 많은 고통을 치르게 할까요? 사랑은 욕망과 직접적으로 연결되어 구체적인 모습을 드러내지 않기에 손안에 넣을 수 있는 실체가 아닌데 말이죠. 사랑의 실체라고 믿는 것조차도 우리의 무의식적 환상과 무의식의 투사가 일으키는 착각에 불과한 것이 대부분입니다. 그럼에도 우리 주변에는 더 이상 사랑할 수 없어서 사랑받지 못해서 고통받는 여성이 많습니다.

이에 여러분이 누구와 함께 있든, 누구의 아내로, 여자로 살아가든 그

남편을 버려야 내가 산다

것과 무관하게 이 책을 홀로 설 수 있는 사람이 되는 미약한 단초로 삼았으면 하는 바람입니다. 본문에서도 언급했지만, 저는 페미니스트도 아니며 더욱이 페미니즘에 대해서는 알지 못합니다. 정신 분석을 공부하고 그것 말고는 할 수 있는 것도 아는 것도 없기 때문이지요. 오직 저는 정신 분석의 창으로 세상과 사람을 보는 눈만 있을 뿐입니다.

또한 정신 분석은 공동체 일원으로서, 가족 구성원으로서 원만한 개인을 만드는 것이 목표가 아니라, 오직 한 주체를 우선시합니다. 주체가 있기까지 거미줄처럼 얽힌 가족과 사회적 관계 속에서 개인의 욕망과 마음의 사슬들을 조금이나마 분해하며 이해의 폭을 넓혀 가기를 원하는 마음으로 글을 써 내려 갔습니다.

정신 분석적 분해는 의식 이면의 나의 요구와 결핍, 욕망을 이해하고자 하는 데 있습니다. 그리하여 저는 이 책에 무의식적 소망과 그 좌절과 요구들이 어떤 패턴과 증상을 만들어 내는지 좀 더 구조적으로 해석하고자 했습니다. 이러한 과정의 끝은 결국 나를 나로 돌아가게 만드는 것이지요. 결여된 나를 내가 받아들일 수 있을 때 누구와든 함께 할 수 있게 됩니다. 그렇게 한 걸음 더 당신의 삶으로 다가갈 수 있을 테니까요.

'피안(彼岸)' 밀실에서

정신 분석가 박우란

목 차

2장

여자에게 사랑은 무엇일까

아내의 결핍에 대하여

3장

남자에 대한 환상이 있었다

아내가 바라는 남성상에 대하여

4장

여자, 나로 바로 선다는 것

아내의 자립에 대하여

1장

남편을 버려야
내가 산다

– 아내의 욕망에 대하여

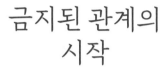

금지된 관계의
시작

"자신에게 깊게 몰입하여 자신의 욕망이 무엇인지 파악하고,
그것을 알아야 반복된 고통에서 벗어날 수 있다."

30대 중반의 소희 씨가 상담실을 찾았습니다. 사랑에 심각한 위기를 맞아서였습니다. 그녀는 20대 중반부터 연애를 시작했고 지금은 세 번째 연애 중입니다. 소희 씨는 현재 열 살 남짓 나이가 더 많은 기혼자 남성과 몇 년째 깊은 관계를 이어 나가고 있습니다. 사실 지금까지 소희 씨가 사귀었던 사람들은 모두 기혼자였습니다. 소희 씨는 지금 만나고 있는 남성과는 끝까지 함께 하고 싶다는 소망이 시간이 갈수록 강해지는 것을 느끼며 혼란에 빠졌습니다. 더 많은 요구를 하면 연인을 잃을 것 같습니다. 숨겨진 사람으로 지내는 것에 지치기도 하고 아무것도 알 수 없는 모호한 미래가 답답하기만 합니다.

소희 씨처럼 금지된 대상을 사랑하는 여성들이 있습니다. 이들은 유부남과의 사랑처럼 사회적으로 환영받지 못하는 사랑에 빠집니다. 이들의 욕망은 무엇이기에 그런 고통을 반복하는 것일까요? 주변에서는 원만한 상대를 만날 수도 있는데 왜 항상 어렵고 험한 사람을 만나서 자신을 학대하느냐고 쓴소리와 걱정을 합니다. 소희 씨도 머리로는 알지만 결국 자신이 사랑에 빠지는 사람은 항상 금지된 대상입니다.

소희 씨와 상담하던 어느 날, 저는 이렇게 물었습니다.

"남자 친구가 이혼하고 소희 씨를 선택한다면 어떨까요?"

소희 씨는 선뜻 대답하지 못하다가 어렵게 말을 꺼냈습니다.

"아니요. 꼭 그걸 원하지는 않아요. 선생님, 저는 정말 왜 이러는 걸까요? 제가 뭘 원하는지도 모르겠어요⋯."

소희 씨가 만나는 기혼자 남자 친구 역시 결코 가정을 깨려고 하지 않았습니다. 오히려 소희 씨와 맺은 관계를 자신의 법적인 혼인 관계를 더 견고하게 하고 가정을 지키는 울타리가 되도록 강화제 역할로 삼은 것입니다. 이 남성에게 정신적 쾌락은 화목한 가족이라는 단단한 규칙과 그 안에서 자신의 아이들을 따뜻하게 보살피는 어머니상을 가진 아내

남편을 버려야 내가 산다

입니다. 육체적 쾌락은 혼외에서 빈틈없이 이뤄지는 소희 씨와 맺는 관계입니다. 두 여성을 오가며 채우는 쾌락은 그에게 피곤함과 고단함마저 달콤하게 느껴지도록 했겠지요. 저는 이 남성에게서 쾌락의 양쪽에서 한 치의 결여도 허용하지 않고, 강박적으로 환상을 유지하려는 태도를 보았습니다.

▶ 진정한 사랑은 나에게 있다는 환상

정신 분석에서 강박적인 남성의 욕망은 순결한 성모 마리아와 창녀 사이를 오가는 환상의 욕망을 가진다고 말합니다. 그들은 결코 양쪽 모두를 포기하지 않으려 합니다. 소희 씨의 남자 친구가 만약 결혼생활에 위기를 맞는다면 소희 씨와 함께하는 앞날을 꿈꿀까요? 그렇지 않습니다. 오히려 소희 씨와 맺는 관계마저도 삐걱거리다 파국을 맞을 가능성이 매우 높습니다. 아내에게 불만이어서 다른 여성을 만나는 것이 아니라 빈틈없는 쾌락의 상태를 유지하기 위해 강박적이고 나르시시스적으로 다른 여성을 만나는 것입니다. 그러니 어느 한 곳이 균열을 일으키면 전체가 흔들릴 수 있습니다.

소희 씨는 남자 친구의 진정한 사랑이 자신에게 있다고 여깁니다. 더불어 남자 친구의 껍데기만 그의 가정에 있다고 스스로를 속이고 있습니다. 하지만 내면 깊은 곳에서는 알고 있습니다. 그가 자신을 선택하지 않으리라는 것, 자신은 그저 그의 결여를 채우는 대상일 뿐이라는 것을 알고 있습니다.

소희 씨의 충동과 욕망은 실제로 그가 자신을 선택하기를 바라지 않습니다. 대신에 상대가 자신을 절대로 선택하지 못할 일종의 '불가능한 대상'으로 여기길 바랍니다. 소희 씨 또한 끊임없이 자신을 불가능한 대상에게 자신을 던지는 방법으로 고통과 쾌락을 반복하는 중독에 빠져 있었습니다. 이것은 사랑이 아니라 욕망입니다. 소희 씨는 반복된 기로에서 점점 더 무거워지는 죄책감을 견디지 못해 상담실을 찾은 것입니다.

소희 씨가 군이 기혼자 남성에게 매료되는 이유가 있었습니다. 소희 씨의 심리에는 아버지를 빼앗고 싶은 원시적인 소녀의 히스테리적 충동과 그 아버지를 몰래 빼돌리는 데서 어머니를 좌절시키는 쾌감도 함께 존재합니다. 어머니에 대한 복수가 얼굴도 모르는 남자 친구의 아내에게 투사되고 있는 것이지요.

소희 씨가 자라온 환경은 지극히 원만했습니다. 부모님으로부터 많은 사랑을 받았지요. 하지만 어머니와 아버지의 다정한 사이에서 늘 소외감을 느끼며 질투를 했습니다. 나중에 커서 자신도 좋은 사람을 만나 행복한 가정을 가져야겠다는 꿈을 꾸었습니다. 하지만 소희 씨가 매료되는 남성은 결코 함께 가정을 꾸릴 수 없는 불가능한 대상이었습니다.

소희 씨의 아버지는 흔히 요즘 말로 '딸 바보'인, 딸에게 지극한 아버지였습니다. 딸에 대한 아버지의 사랑은 소희 씨가 아버지에게 고착되도록 만드는 역설도 함께 품고 있었던 것 같습니다. 부부 사이가 좋은 듯 보였으나 아내로부터 충족이 되지 않는 부분은 딸에게 정서적으로 의지하기도 했고 일상에서 생긴 힘겨운 일이나 고민을 딸에게 곧잘 털어놓기도 했습니다. 그런 아버지를 보면서 소희 씨는 아버지를 돌보고 챙기고 싶은 마음을 자연스럽게 가지게 된 것이지요.

소희 씨는 자신을 어머니와 동일시하면서 아버지를 향한 해소되지 않는 충동과 욕망을 다른 대상에게 투사하고 있었습니다. 단순히 아버지에 대한 충동만이 아니라, 어머니에 대한 무의식적이고도 질긴 딸의 질투심이 같은 자리를 떠나올 수 없도록 만들었습니다. 소희 씨는 자신이 어머니의 위치에 가기도 하고 어머니 몰래 아버지와 밀회를 즐기기도 하는 게임에 중독되었던 것이지요.

▶ 반복되는 고통의 게임

정신 분석적으로는 도덕적인 어떤 판단도 무의미합니다. 분석가는 어떤 기준으로 어떤 사람을 판단할 수 있는 사람이 아니라, 단지 깊이 청취하는 사람일 뿐입니다. 만약 사회적으로 용인되지 않는 관계를 끊고, 좋은 사람을 만나서 화목한 가정을 이루도록 독려하는 분석가가 있다면 그것은 정신 분석이 아닌 적응을 목표로 하는 보수적인 관점의 심리치료 차원으로 보아야 합니다.

정신 분석의 목표는 내담자의 원만한 사회적 관계 개선과 적응에 있지 않습니다. 대신 집요하리만큼 충동과 욕망에 집중합니다. 정신 분석과 충동은 개인의 도덕적 관점으로 보면 곤란합니다. 이는 단순한 개인의 심리적 문제, 개인의 차원으로만 볼 수 없는 사회적 산물이기도 하니까요. 모든 충동은 자연 본능이라기보다 사회적 구조와 개인의 환경에서 일어나는 언어 유입에서 비롯됩니다.

소희 씨가 맺는 사회적으로 용인되지 못하는 관계를 개선하는 것이 분석의 목표가 아니라 소희 씨의 충동과 욕망을 이해하는 것이 목표입니다. 소희 씨가 왜 그런 충동과 쾌락에 점령당해 있는지, 왜 앞으로 나아가지 못하고 계속 같은 자리를 반복하며 복수하고 있는지 스스로 알면서도 다시 반복한다면 그것은 단순한 도덕 차원의 문제가 아닙니다. 모르고 선택하는 것이 아니라 알고도 선택한다면 그것은 많은 것을 감수하겠다는 결의와 다름없습니다.

소희 씨는 상담하면서 자신과 연인의 욕망을 조금 더 명료하게 이해해 나갔습니다. 그 속에서 쾌락이 주는 허구성(환상)과 공허함을 직면하기 위해 고군분투했습니다. 반복되는 고통의 게임을 중단하고 싶은 열망을 내비치기도 했습니다. 도덕적인 비난 때문이 아니라 자신의 충동

남편을 버려야 내가 산다

에 매몰되어 욕망의 대상만을 바라보는 것에서 벗어나고, 그 대상이 빠져나간 빈자리를 견디고 사랑하기 위해 노력하고 싶다고 말했습니다. 좋은 사람이 되기 위한 노력이 아니라 무의식적인 매몰 상태에서 비롯되는 노예와 같은 삶에 환멸을 느끼고 있었습니다.

그 환멸을 새로운 삶의 에너지로 이동시키는 데는 이전과 다른 새로운 쾌락의 경험이 필요합니다. 그리고 그것은 오직 자신에게 무섭게 집중하는 사람만이 가능한 경험이기도 합니다.

그에게 나는
누구인가

"소유의 문제에 있어 피할 수 없는 것이 질투와 시기심이다.
질투는 남녀를 불문하고 가장 치열하고 원시적인 감정으로 우리를 지배한다."

'그에게 나는 누구이며, 그에게 나는 무엇인가?'

여성에게 있어 이 물음은 매우 중요한 의미를 갖습니다. 여성은 남성에게 어떤 존재인지, 남성이 자신을 어떤 존재로 인식하는지가 중요합니다. 그래서 수없는 연애를 반복하는 여성들이 마지막까지 의문을 가지고 묻는 질문입니다.

지독하고 치열하게 싸우는 부부가 있었습니다. 부부의 격렬한 싸움은 부모님과 친구가 있는 자리에서도 결코 잦아드는 법이 없었습니다.

한번 싸움의 불이 붙으면 으르렁거리는 맹수들처럼 서로를 물고 뜯었습니다. 그렇게 싸우고도 함께 사는 것이 신기할 따름이었지요. 아이러니하게도 정작 이 부부는 이혼을 생각해 본 적이 없었습니다.

왜 그럴까요? 이 부부에게는 싸우는 이유가 중요하지 않았습니다. 서로가 싸움을 통해 한순간도 다른 곳으로 눈을 돌리지 못하고 상대에게 시선을 고정하고 있는 상태가 중요했지요.

▶ 욕망의 대상에게 묻다

사람들은 사랑의 시선으로 서로를 바라보고 보듬는 것이 진정한 부부 관계이고 이상적 관계 맺음의 정석이라고 생각하지만, 관계를 지속하고 유지하는 방식은 사람들의 내적 구조에 따라 제각각입니다.

싸움이 잦은 부부라면 아내는 남편이 자신이 원하는 사람이 되면 행복해질 것이라고 굳게 믿지만 결코 그렇지 않습니다. 둘 중 하나가 환골탈태해 온전히 다른 사람이 된다면 어떻게 될까요? 그동안 부부의 관계를 규정짓던 '충돌'과 '물어뜯음'이라는 심리적 기제가 사라지면 오히려 부부는 서로에 대해 무료해질 확률이 높습니다.

또 시댁과의 갈등으로 고통받던 아내가 시댁 문제가 사라지면 행복해질 것 같고, 한동안 편안함을 누릴지는 모르겠으나 그동안 분투하며 쟁

취하고자 하던 남편에게마저 흥미를 잃을 가능성이 농후하다는 뜻입니다. 물론 투쟁해서 그 건강하지 못한 에너지 소모를 멈추고 자신에게 집중하고 자신의 길을 모색할 수 있다면 그것은 한 층위 다른 곳으로 나아가는 길일 수 있겠지요. 하지만 그곳까지 도달하는 일이 그리 녹록하지는 않습니다. 왜냐하면 관계 안에서 반복하고 있는 욕망의 구조를 스스로 인지하거나 자각하기가 쉽지 않기 때문입니다. 여성들은 끊임없이 해답을 얻고자 합니다.

'그에게 나는 누구이며, 나는 어떤 의미인가?'

이것은 '나는 여성인가?'를 끊임없이 묻는 것과 같습니다. 이 물음의 해답을 얻기 위해 여성은 끝없이 남성이 원하는 어떤 지점에 가 있으려고 합니다. 남성이 원하는 대상이 되려고 하는 것이지요.

어느 책에서 이런 사례를 읽은 적이 있습니다.

한 여성이 길을 가다가 한 쌍의 커플을 만났을 때에 커플 중 남성을 매력적으로 생각한다면, 이 여성은 남성이 아닌 여성에게로 시선이 향한다는 것입니다. 반대로 남성이 길을 가다가 한 쌍의 커플을 만났을 때에 커플 중 여성이 마음에 들었다면, 남성은 자신이 반한 여성만을 주시한다고 합니다.

남편을 버려야 내가 산다

이 예시에서 남성과 여성 모두 커플 중 여성에게만 시선을 고정시키는데 그 이유는 매우 다릅니다. 여성이 같은 여성을 보는 이유는 관계에 주목하며 남성을 사로잡은 그 여성에게 무엇이 있는지 빠르게 탐색하기 위함입니다. 그 여성의 어떤 점이 그를 매료시켰는지 더 궁금하기 때문이지요. 그 여성이 가진 것을 나는 가지고 있는지, 내가 갖지 않은 것을 저 여성은 가지고 있는지 탐색합니다.

여성들에게 궁극적인 욕망은 남성이라는 특정한 대상이라기보다 자신이 갖고 있지 않은 매력적인 '어떤 것'입니다. 결여된 무엇을 좇는 것이 여성의 욕망인지도 모르겠습니다.

여성 화장품 광고는 그러한 여성의 욕망을 잘 보여줍니다. 뛰어난 미모의 연예인이 쓰는 화장품을 나도 바르면 그녀들처럼 아름다워질 수 있다는, 그녀들이 가진 아름다움에 접근할 수 있다는 여성의 환상을 저격한 것이지요. 사실 머리로는 같은 화장품을 쓴다고 해서 결코 그녀들이 될 수 없다는 것은 잘 알고 있지만, 여성적 욕망과 환상을 자극하는 것만으로 충분합니다. 그래서 여성은 서로에게 매우 경쟁적이면서도 친화적일 수 있습니다.

남성의 시선을 사로잡는 대상으로서의 여성을 질투하면서도 그녀들과 친화적일 수 있는 이유는 '여성적 동일시'가 벌어지는 일반적인 현상이기 때문입니다. 또한 관계를 중심으로 여성은 욕망과 환상을 발화하기 때문이지요.

남편이나 연인이 외도했을 때 드라마 속 흔한 장면은 여성이 남성의 내연녀를 찾아가 머리채를 잡는 장면이 나옵니다. 상식적으로 생각하면 직접적인 상처를 준 남성을 잡아야 할 것 같은데 여성은 상대 여성에 대한 질투로 밤잠을 못 이루고 그녀를 파괴하고 싶은 욕망에 사로잡히기도 합니다. 이것이 남성을 사로잡은 자신이 아닌 '그녀가 가지고 있는 어떤 것'에 집착하는 이유입니다. 그것에 집착하고 욕망하기에 남성이 아닌 상대 여성이 처벌의 타깃이 되기도 하는 것입니다.

한 번 더 강조하고 싶습니다. 여성은 특정한 대상을 소유하고자 하는 것이 아니라 그를 매료시킨 어떤 것을 소유하고자 하는 것입니다. 그 어떤 것은 필연적으로 관계 안에서만 발화되지요.

▶ 삼각관계와 환상

위와 같은 이유로 여성들은 사랑하는 사람이 과거에 사귀었던 여성에 대한 관심이 높습니다. 그도 아니라면 남편의 어머니, 늘 남편의 그림자로 떠 있는 시어머니에게 집요한 경쟁과 질투를 느끼지요. 물론 그것은 어머니들도 마찬가지입니다. 아무튼 여성들은 남성과 이미 관계가 끝나고 관심 밖으로 벗어난 과거의 여인을 때때로 소환해 둘만의 자리에 초대하고는 합니다. 물론 유령이지요. 여성들이 이 유령을 소환해 삼각구도 안에서 보이지 않는 무엇을 놓고 사투하며 질투를 하기도 하고 그 질투 때문에 남성에게 엄청난 분노를 드러내고 적의를 보이기도 합니다. 사랑할수록 그의 대상이 되는 어떤 것, 자신의 결여에 대한 집착과 구멍은 대상인 남성을 파괴하고 싶은 욕구로까지 이끌 수도 있습니다.

여성은 환상 속에서 다른 여성을 자신과 연인 사이에 끊임없이 존재하게 하며 스스로를 외롭고 슬프게 합니다. 그 환상 안에는 언제인가 자신의 진가를 알아보고 모든 것을 제거한 뒤, 온전히 자신만을 선택할 남성을 기다리는 소녀가 있습니다.

반면, 남성은 그녀를 매료시킨 남성이 아니라 여성 자체에 집중하는 모습을 보입니다. 좀 더 단순하고 목표 지향적으로 보이기도 합니다. 어떠한 대상이 되기보다는 대상을 갖고자 하는 것이 남성들의 심리이자 강박적 욕망이니까요.

기혼 여성은 더 이상 남편의 대상이 되고자 하지 않고 아이에게 매몰되기도 합니다. 얼핏 그럴 듯해 보이지만 상실한 쾌락을 이어 나가는 편리한 선택입니다. 내가 상대에게 어떤 대상인지 묻고 스스로 답할 수 있어야 합니다. 그래야 남성 혹은 남편의 대상이 되기를 넘어 온전한 내가 되고 싶은 욕망이 일어날 것이기 때문입니다. 문제는 '그에게 나는 누구인가?'에 대한 답을 구하는 것이 아니라 그(상대)에게 끝없이 묻고 답을 내어놓으라고 요구하는 데서 발생합니다. 타자가 줄 수 없는 답이기에 남성과 여성의 게임은 아마도 세상이 끝날 때까지 반복되겠지요.

▶ 소유에 관한 문제

> *"우리는 별들을 가질 수 있는데 왜 달을 향해 손을 뻗나요."*
>
> - 영화 <가라, 항해자여> 중에서 -

남녀가 각기 다른 방식으로 서로를 욕망하지만 결국 모두 소유에 관한 문제입니다. 남성이 여성을 자신의 결여를 메우는 대상으로 바라보고 자신의 울타리든 성적인 만족이든, 온전한 채움을 위해 여성을 소유하려고 한다면, 여성은 남성의 시선을 사로잡아 그의 대상이 되는 그 무엇을 소유하고자 합니다.

소유의 문제에 있어 피할 수 없는 것이 질투와 시기심입니다. 질투는 남녀를 불문하고 가장 치열하고 원시적인 감정으로 우리를 지배하기도 합니다. 대상과 사랑의 문제에 있어 피할 수 없는 감정의 덩어리이지요. 질투 안에는 경쟁심이 들어 있습니다. 프로이트는 그 경쟁심을 이미 내 것이라고 가정된 무엇을 잃거나 나누어야 한다고 생각하는 데서 오는 두려움에서 기인한다고 했습니다. 조금 더 나아가 프랑스 정신 분석가 폴 로랑 아숭(Paul-Laurent Assoun)은 이런 표현을 썼습니다.

"자신을 만족시키려고 애쓰는 집요한 욕구로, 거역할 수 없는 힘으로 분출되어 열렬히 충족시킬 수 있는 대상을 찾게 하는 욕구와 관련되어 있다. 때문에 거기에 사로잡힌 사람은 병리적 차원으로 들어간다."

폴 로랑 아숭은 더 나아가 '질투'와 '시기'를 구분해서 이야기합니다. '질투'는 내가 갖지 못한 것을 가졌다고 생각하는 대상(실제로 그것을 가졌는지는 무관합니다), 즉 사람을 향한 마음이라면, '시기심'은 그가 가졌다고 생각하는 재화를 겨냥한 마음이라고 합니다. 그래서 여성은 남성을 중심으로 한 다른 여성과의 관계에서 집요한 관심과 질투에도 끝없이 노출되지만 남편을 향한(그가 가진 재화, 능력 등) 무의식적 경쟁심과 시기심에 갈등을 겪는 일도 많습니다.

이쯤에서 나에게 질문을 던져 봅시다.

"지금 나의 마음과 시선은 어느 지점에서 어떤 집착의 고리에 묶여 있을까? 내가 좇고 있는 것은 무엇일까?"

가학적 관계에
놓인 사람

"사회가 발달하고 문명화될수록 내적인 삶은 오히려 공허해진다.
공허할수록 가학적인 자들의 먹잇감이 늘어날 뿐이다."

민선 씨는 IT 회사를 다니는 3년차 직장인입니다. 업무 특성상 여성보다는 남성이 많은 환경에서 지냅니다. 남성이 많지만 잘 적응하며 지내 왔는데, 어느 날 인사 이동으로 부서 팀장이 바뀌었습니다. 민선 씨의 고통은 새로운 남성 팀장과 갈등을 빚으면서 시작되었습니다. 팀장은 회사 내에서 유난스럽거나 센 사람이 아니라 오히려 점잖은 사람으로 알려져 있었습니다. 그러다 보니 민선 씨는 팀장과의 갈등을 누구에게 선뜻 말하기도 어려운 상황이었습니다.

민선 씨는 어느 순간부터 팀장 앞에만 가면 위축이 되고 하고 싶은 말도 자꾸 얼버무렸습니다. 그럴수록 팀장은 민선 씨의 작은 실수나 일 처

남편을 버려야 내가 산다

리가 못마땅하다는 기색을 보였고 날이 갈수록 민선 씨를 향한 압력과 신경전이 거세졌습니다. 팀장은 바로 뒷자리에서 자판을 거칠게 두드린다거나 물건을 거칠게 던지듯 놓는다거나 하는 행동 등 민선 씨만 느낄 수 있는 폭력으로 분위기를 험악하게 만들기 일쑤였습니다. 민선 씨가 위축되어 있으면 그는 더 날을 세워서 몰아붙이거나 더 요구했습니다. 그 요구는 민선 씨를 성장시키기 위한 혹독한 가르침으로 둔갑해 있었습니다.

민선 씨는 더 이상 직장생활을 유지하기 힘들겠다는 생각이 들고 자신에게 무슨 문제가 있어 이런 상황에 놓이게 되었는지 고통스러워하며 상담실을 찾았습니다.

민선 씨의 이야기를 들으면서 가장 강력하게 느껴진 것은 직장 상사의 은밀한 가학성과 그 가학성에서 그가 취하는 무의식적 쾌감에 관한 것이었습니다. 그것이 마치 블랙홀로 빨려 들어 가듯 서로를 찌르고 찔리는 관계의 톱니를 맞추고 있다는 생각이었습니다.

▶ 반복되는 무의식이 말하는 것

우리의 무의식은 어떤 특정한 대상과 맞닥뜨리거나 특정한 환경에 처하면 스스로도 이해할 수 없는 반응을 드러내고는 합니다.

민선 씨는 언어 폭력을 쓰는 아버지 밑에서 자랐습니다. 그녀는 어린 시절 내내 말로써 사람을 압도하고 표정이나 비꼬는 말, 조롱하는 듯한 말을 특징적으로 하는 아버지에게 오랜 시간 노출되어 있었습니다.

아버지는 어머니에게도 항상 콕콕 찌르는 듯한 말을 했습니다. 농담조차도 비꼼이 담겨 있었습니다. 어머니는 그런 아버지와의 관계를 고통스러워하고 끔찍이 여겼고, 끝까지 대응해서 싸움이 일어나고는 했습니다. 어떤 날에는 이해할 수 없게도 어머니 쪽에서 아버지를 자극하기까지 하는 것이었습니다. 민선 씨는 그런 아버지 앞에서 그냥 입을 닫아 버리기 일쑤였고 직접적인 대화를 회피하고는 했습니다.

우리는 익숙한 구조로 홀린 듯이 이끌려 들어가는 경향이 있습니다. 유사한 구조가 아닌 사람들과의 관계에서는 드러나지 않던 위축과 피학적인 모습이, 익숙한 패턴의 사람을 만나면 강하게 발화되는 경우가 그런 것이지요.

민선 씨는 잘하면 더 잘하지 못해서 비난, 못하면 못해서 지적하는 아버지의 찌르는 듯한 말을 들으며 위축되기 일쑤였습니다. 친구들과 농담도 하고 잘 놀다가도 아버지 앞에만 서면 주눅이 들고 별것 아닌 말도 입안으로 말려 들어가는 듯 사라져 버리고는 했습니다. 성인이 되고 부모님과는 점점 관계가 멀어져 일상의 대인관계에서 자극받지 않으며 지냈습니다. 그런데 아버지와 비슷한 직장 상사를 만나 잊고 살았던 위축이 재현되기 시작했습니다. 그 재현은 아버지와 어머니의 관계를 반복하듯 직장 상사와 민선 씨의 쫓고 쫓기는 게임이 시작된 것이지요. 민선 씨는 아버지 앞에서 스트레스받고, 위축되어 쭈그러들었던 어머니의 형상을 반복하며 그 목소리에 매몰되어 있는 상태였습니다.

제가 '가학적인 관계'라고 명명한 것은 상대를 가학적인 방식으로 대하면서 무의식적 만족을 얻는 사람과, 관계에서의 권력과 권위를 이용해 주요한 상대를 피학적인 상태로 몰아넣는 패턴을 말합니다. 이때 만족은 성적인 만족을 이야기합니다.

일반적으로는 직접적인 성적 학대나 성행위를 통해서만 성적 만족을 취한다고 오인하기 쉽습니다. 하지만 인간이 성적인 만족을 얻는 통로와 경로는 무수히 다양합니다. 직접적인 행위가 아닌 관계 안에서도 빈번하게 일어나는 일입니다. 먹는 행위, 소리, 움직임, 이 모든 것들은 인간의 성 에너지의 발화라고 볼 수 있습니다. 그중에서도 성 에너지를 집중적으로 투여해서 사용하는 여러 가지 경향 중에 가학과 피학의 관계가 있습니다. 이 관계 패턴의 성적 에너지 투여는 결코 직접적인 성행위를 하지 않고서도 그에 못지않은 '무의식적인 성적 쾌감'을 줍니다.

▶ 공허할수록 풍요로워지는 가학

직장 상사와 부하직원, 성직자와 신도, 스승과 제자, 부모와 자식, 부부, 연인 사이에서 이런 일은 빈번히 일어납니다. 상사는 권위를 가지고 부하직원들을 가르치고 돌보면서 일에 대한 헌신을 요구합니다. 그들은 자신들의 권위와 명분화(名分化)된 신념 안에서 부하직원들에게 좀 더 특별한 관심을 기울이도록 요구하고 헌신하도록 은밀히 종용합니다. 더불어 끝없이 인내해야 무언가를 성취하고 도달할 수 있다는 모호한 압력을 제공합니다.

그들은 자신들이 그러고 있다는 사실조차 자각하지 못하는 경우가 많은데, 인간의 성적인 쾌락이 어떤 경로와 방식으로 체득되고 즐겨지는지에 대한 구체적이고 꼼꼼한 탐색이나 이해가 없기 때문입니다. 정신분석 전문가들조차 자신들이 관계 안에서 어떤 방식으로 성적인 만족을 취하는지 전혀 가늠하지 않고 있는 경우도 여럿 보았습니다.

사회가 발달하고 문명화될수록 내적인 삶은 오히려 공허해지는 경향이 있습니다. 공허할수록 가학적인 자들의 먹잇감이 늘어납니다. 직접적인 성 착취는 너무도 명확하고, 그 구조가 지극히 단순하기 때문에 금방 드러납니다. 또 그 피해 구조 속에 있는 자들이 용기를 낸다면 표면 위로 금방 떠오를 수 있습니다. 하지만 관계 안에서 은밀하게 성적 만족을 누리는 것을 표면화하여 이슈로 다루거나 직접적으로 문제 삼기는 매우 어렵습니다. 그리고 관계 안에서 가학적인 만족을 취하는 사람들이 실제 성관계에서는 폭력적이지도, 가학적이지도 않은 경우가 더 많

　　　　　　　　　　남편을 버려야 내가 산다

습니다. 그래서 더 깊숙하고 은밀하지요.

사람은 직접적인 신체적 만족 이외의 무수한 경로를 통해서도 성적 만족을 추구합니다. 가학적인 성적 만족을 무의식적으로 누리는 사람들은 비난이 일상의 태도에 깊이 배어 있습니다. 상대에게 모욕감을 종종 느끼게 만들지요. 그들은 타인에 대한 경멸과 모순을 찾아내는 데 탁월한 직관을 가지고 있습니다. 그들의 이빨에 물리면 빠져나갈 구멍을 찾지 못하는 생쥐 신세가 되고 맙니다. 그들은 사회적으로 인정받고 우아한 목소리와 태도를 가지고 있지만 결코 사람을 믿지 않습니다. 끝없는 그들의 의심은 편집스럽기까지 하지요.

▶ 무의식은 많은 것을 기억한다

카렌 호나이는 성적 만족을 추구하는 사람은 그러한 상황이 스스로를 향한 비난과 경멸적 무의식의 태도에서 기인한다는 사실은 간과한 채, 상대를 의심하고 그 의심을 영민한 자신의 감각으로 오인한다고 말하기도 했습니다. 그들은 오히려 자신이 누군가에 의해 조금이라도 "착취당했다고 느낄 때면 발작을 하듯 미친 듯이 분노하게 된다"라고 합니다. 물론 이들의 삶에서 관계는 거의 남지 않습니다. 점점 더 주위 사람들이 떠나고 주변에는 진심으로 이들을 관계 안에 넣고 생각하는 사람들도 없어집니다. 이들에게 사회적 지위나 이름이 있다면 그것에 의존해서 그 지위가 대상들에게 필요한 순간까지만 관계가 존속하게 될 것입니다. 아니면 통제나 가학적 패턴 안에 갇혀 있는 피학적 사람들이 남게 되겠지요.

민선 씨는 상담을 통해 왜 이 시점에서 어머니와 아버지의 관계 패턴을 자신이 재현하며 반복에 이르게 되었는지 꼼꼼히 탐색해 나갔습니다. 흥미로운 한 가지 현상 중 하나는 당시 민선 씨의 나이였습니다.

어머니가 아버지와 만나 결혼에 이른 나이와 당시 민선 씨 나이가 같았습니다. 이런 일은 분석 과정 중에 때때로 만나는 현상이기도 합니다. 이것은 또 하나의 무의식적 애도에 해당합니다. 우리 몸과 무의식은 의식이 따라갈 수 없는 많은 것을 기억하고 있으니까요.

좀 더 정신 분석적으로 바라보면, 민선 씨는 아버지 혹은 어머니와 동일시된 욕망을 반복하고 있었습니다. 마치 블랙홀로 빨려 들어가듯 아버지와 유사한 숨은 특성을 가졌으면서도 표면적으로는 전혀 다른 직장 상사와의 관계에서 어머니와 아버지의 관계를 반복하고 있었던 것이지요. 민선 씨는 어머니의 위치에서 아버지와의 관계를 불러들였다고 볼 수도 있습니다. 민선 씨가 이 증상을 유의하게 주시하지 않고 그냥 지나쳤다면 어쩌면 이와 유사한 패턴을 반복할 만한 사람을 만나 결혼까지 이어 갔을지도 모르겠습니다.

남편을 버려야 내가 산다

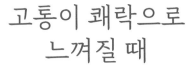

고통이 쾌락으로
느껴질 때

"'즐긴다'의 개념 자체를 다른 시선에서 보아야 한다.
그래야 '고통을 즐긴다'는 말이 성립한다."

정신 분석, 특히 라캉의 정신 분석에서는 고통과 쾌락의 관계를 중요하게 바라봅니다. 정신 분석의 시선에서 말하는 쾌락에 대한 단편적인 예를 하나 들어보겠습니다.

제가 상담실에 혼자 있을 때는 지극한 고요함과 적막함이 있습니다. 평소의 이 적막은 일상적이어서 딱히 조용하다는 감각적인 체감도 들지 않습니다. 그러다 간혹 옆 사무실에서 드릴로 공사하는 소리가 들리면, 마치 제 귓속에다 직접 드릴을 꽂는 것처럼 극도의 불편감과 시끄러움 때문에 고통스러워집니다. 드릴이 한동안 시끄럽게 울리다가 멈추는 순간, 고요는 이전의 일상적인 고요와는 차원이 다른 감각적인 달콤함으로 온몸에 전해집니다. 즉 고통이 발생하고 나서 멈추는 순간에 쾌락이 발생합니다.

고통 자체를 즐기는 사람은 아무도 없습니다. 불행 자체를 즐기는 사람도 그 어디에도 없겠지요. 하지만 우리 감각은 고통과 불행의 틈으로 미세하게 파고드는 정지의 순간에 우리가 쾌락을 느끼게 합니다. 우리가 커다란 고통이라는 대가를 치르면서도 미미한 쾌락에 중독된 줄도 모른 채 고통을 유지하는 경우가 그런 이유에서입니다.

▶ 금지는 쾌락을 강화한다

어머니의 극심한 잔소리 때문에 고통받던 한 청년이 있었습니다. 어머니의 걱정스러운 잔소리부터 분노 가득한 잔소리까지, 그 모든 잔소리로부터 그가 자신을 보호한 방법은 결벽 증상이었습니다.

청년은 집에 가면 바로 욕실로 가서 샤워를 하고, 입었던 옷을 거실에 모두 벗어 놓고, 휴지로 문고리를 덮은 채 방으로 들어가는 행위를 매일 강박적으로 반복했습니다. 어머니는 청년의 그런 행동이 자신 때문이라는 것을 모른 채, 아버지에 대한 반항이라고만 생각했습니다. 원인은 차치하고, 청년은 정작 자신의 결벽증의 상태를 불편해하지 않았습니다. 결벽증이 발화한 자신의 이러한 행동으로 어머니의 잔소리를 멈추게 하면서, 쾌락을 느끼고 있었던 것이지요. 앞서 이야기한 것처럼 금지의 역설이고 고통의 역설입니다. 고통이 고통으로만 가득 차 있을 때 인간은 결코 그것을 지속하지 않는다고 정신 분석학자들이 말하는 이유이지요.

텔레비전 예능 프로그램에서 종종 젊은 신혼부부들이 자신의 일상을 공개하는 것을 보고는 하는데, 이때도 흥미로운 현상을 발견합니다. 아내는 남편을 향해 사소한 잔소리로 통제를 가합니다. 남편이 술을 너무 마신다고 생각하는 아내는 술에 대해 민감한 반응을 보이고, 남편은 아내의 눈치를 봅니다. 마치 엄마가 아들을 규제하듯 아내는 남편에게 크고 작은 금지를 끊임없이 제공하며, 그것이 여성 혹은 아내가 당연히 해야 할 처신이라고 생각하는 듯 보이기까지 합니다.

남편은 또 엄마의 눈치를 보듯 아내의 눈치를 보고 그 금지를 어떻게 피할까를 궁리하는 모습이 펼쳐지고는 하지요. 물론 아내의 잔소리는 남편에게 충동과 쾌락을 한층 더 강렬하게 하는 역설이 되고 마는 경우가 대부분입니다. 두 사람이 과도하지 않은 범위에서 그런 금지(잔소리)와 위반을 적절히 소화해 나간다면 살아가는 텐션을 유지시켜 주는 그럴듯한 게임이 될지는 모르겠으나 그 적절함이라는 경계가 참으로 모호하지요.

◗ 자존감과 상관없는 쾌락

　인간은 쾌락을 포기하고 싶어 하지 않습니다. 우리가 그 쾌락의 성질과 모양, 발화되는 방식을 알아차리지 못하고 있을 뿐이지요. 삶이 얼마나 무료하고 무용하고 지난한 것인지를 은폐하기 위해 세계는 바쁘고 정교하게 돌아갑니다. 얼마나 성취해야 하고 얼마나 성공적이었는지를 가늠하도록 부추기고 밀어붙이지요. 그것을 의심하지 않아야 한다고 믿습니다. 도달해야 할 어떤 곳이 있는 것처럼 내달립니다. 굳이 대단한 무엇이 아니라도 삶의 구멍이 출현하지 않도록, 자신이 얼마나 허망하고 무용한 존재인지를 스스로 앞에 드러나지 않도록 하기 위해 온갖 불안과 강박적인 여러 가지 장치를 내세웁니다.

　아이들은 늘 결여된 존재이고 문제를 달고 삽니다. 아이들의 문제에 집중하고 해결하기 위해 에너지를 모으기 시작하면 끝도 없이 이어집니다. 마치 과목별 학원이 존재하는 것처럼 심리치료에도 갖가지 분화된 분야의 치료들이 성행합니다. 엄마들은 학원 수강을 하듯 정서치료, 인지치료, 사회성치료, 언어치료 등에 매달리며 내달립니다. 생의 공허와 무의미, 지난함을 은폐하기 위해 가장 손쉽고 빠른 고통의 방법을 선택하며 '무의식에서는 지난한 시간을 즐기는 것'이지요.

　더 이상 자신에게 남편이 의미가 없어진 한 여성은 아이의 발달 문제에 집착하며 유명한 의사들을 모조리 찾아다녔습니다. 그리고 그 문제가 별다른 문제가 아니었음을 확인했고 아이도 더 이상 그 문제를 보이지 않았습니다. 그 상황이 상식적으로는 안도하고 편안해져야 할 것 같은데 그렇지 않았습니다. 이 여성은 남편을 위해 둘째를 가져야겠다는 생각이 들기 시작했고 둘째를 가지기 위해 자신의 몸이 제대로 준비되어 있지 않았다는 불안감에 시달리기 시작했습니다. 저는 그녀에게 한마디를 했습니다.

"시간을 알뜰히 즐기고 계시군요."

그녀는 무척 의아한 눈빛으로 저를 보았습니다. 저는 아이에 집착하는 여성들에게 아이에게 관심을 줄이라고 말하고는 하는데, 그럴 때마다 내담자들은 엄마가 어떻게 아이에게 무심할 수 있냐고 묻습니다. 그러나 저는 존재 자체에 대한 무관심을 말한 것이 아닙니다. 존재에 대한 애정과 응시를 유지하지만 아이의 일거수일투족을 세세히 보지 않는 것이지요. 디테일에 매몰되면 존재를 보지 못하는 역설이 발생합니다. 아이들은 늘 문제를 일으키니까요. 엄마라는 존재는 늘 그 디테일한 문제에 매몰되며 시간과 열정을 다하지만 정작 아이라는 존재를 보지 못하게 되는 것이지요.

많은 그녀들은 누군가 자신을 칭찬하거나 자신에 대한 호평을 하면

믿지 않습니다. 그리고 '네가 아직 날 잘 몰라서 그렇지, 내가 어떤 사람인지 알면 그렇게 말하지 않을걸'이라고 생각하지요. 정작 본인 자신도 본인을 모르는데 말이지요. 그러면서 자꾸 내가 무엇인가 감추고 있고 드러나서는 안 될 것이 있다는 막연한 부적절감에 시달립니다. 그 부적절감을 단순히 자존감의 결여로 인식하고 자존감을 높이는 책을 보거나 전문가들을 찾아 헤맵니다. 그야말로 남의 다리를 긁는 셈입니다. 그것은 자존감과 전혀 상관없는 쾌락의 영역이니까요.

그녀들이 느끼는 부적절감은 존재나 스스로의 인격적 결함이 아닙니다. 자신도 모르는, 말로 표현되지 않는 어떤 쾌락을 즐기고 있다는 사실을 감추고 그 쾌락이 드러날까 두려워하는 것입니다. 누추한 자신의 본모습이 드러날까 두려운 것이 아니라, 전혀 상식적이지 않은 어떤 것을 몰래 탐닉하고 즐기고 있는 것이 드러날까 두려운 것입니다. 드러난 것은 희석되거나 포기할 수 있다는 위협이기도 하니까요.

▶ 고통이 쾌락이 되는 순간

많은 어머니들이 일생 육체적 고생을 하며 자식들을 다 키워 내고 나면 경제적 여유도 있는데 부득불 쉬지 않고 육체노동을 지속하기를 고집합니다. 자식들은 어머니에게 그만 쉬시고 남은 생을 즐기며 맛난 것

남편을 버려야 내가 산다

드시고 여행도 다니시라고 이야기합니다. 그래도 어머니들은 선뜻 그런 방식으로 삶을 전환하기 어려워하시지요.

여전히 일을 하시면서 그 고된 육체노동에 앓는 소리와 힘거운 소리는 달고 사십니다. 자식들은 더 마음이 불편하고 이리저리 방안을 모색해도 늘 어머니는 고통받고 희생에 찌들은 모습이기만 하지요. 이것은 '즐긴다'의 개념을 지극히 고전적으로 학습한 결과이기도 합니다.

고급 레스토랑에서 멋진 옷을 입고 우아한 자태로 여유롭게 음악을 들으며 스테이크를 즐기는 여성이 있습니다. 그 여성은 누가 보아도 현재를 즐기고 있고 누리고 있지요. 그 옆 바닥에서 쭈그리고 청소 일을 하는 여성이 있다고 합시다. 그 여성은 누가 보아도 대조되는 불행한 모습처럼 보입니다. 그런데 만약 청소하는 여성이 오직 먼지를 찾아내어 제거하는 일에만 몰입해 있다면 어떨까요? 그 먼지를 제거하는 데서 어떤 희열과 쾌감을 체득했다면 그 여성에게 갑자기 우아한 옷을 입히고 고급진 음식 앞에 앉혀 놓고 음악을 들으며 즐기라고 해도 그 여성은 지루하기만 할 것입니다. 굴러다니는 먼지가 눈에 들어올 테니까요. 오히려 집에 가서 우아한 옷을 벗어 던지고 작업복으로 갈아입고 다시 작업장에서 먼지를 찾아내어 깨끗해지는 것에서 희열을 느낀다면 청소하는 여성은 제대로 즐기고 있는 것입니다.

상징적인 이미지와 관념으로 우리는 타인의 삶을 쉽게 판단하고 오인합니다. 정신 분석에서 '즐긴다'는 것은 그런 보편적이고 상징적인 이미지의 틀에서 벗어나 한 개인이 쾌감을 체득하고 그것을 즐기는 것에 주의를 기울입니다. '즐긴다'는 개념 자체를 다른 시선에서 보아야 합니다. 그래야 '고통을 즐긴다'는 말이 성립합니다.

한평생 고생한 어머니를 향해 어머니가 아직도 그렇게 힘들게 일하시면 우리가 불편하고 몸 둘 바를 모르겠으니 쉬시라고 아무리 해도 어머니가 멈추지 않으신다면 그것 또한 지극히 이기적인 선택입니다. 어머니 자신의 쾌락을 포기하지 않겠다는 것이니까요. 자녀들을 위해 멈춘다면 타인의 쾌락을 위해 자신을 포기하는 것이니 사랑의 영역으로 볼 수 있습니다.

우리 인간은 대부분 비슷합니다. 그것이 어떤 형태이든, 그 누가 와도 자신의 은밀한 쾌락을 포기하려 하지 않는 존재라는 면에서 이기적인 존재이지요. 이는 고통을 고통 자체로만 보아서는 함정에 빠지기 쉬운 이유이고 고통을 전체 맥락에서 바라보아야 하는 이유이지요.

남편을 버려야 내가 산다

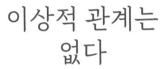

이상적 관계는
없다

"이미지에 의존하며 얻는 만족은 진짜 만족이 아니라
상상적 만족이다."

30세가 되는 현규 씨는 결혼을 마음에 두고 만나던 연인과 심각한 갈등을 겪으면서 관계를 어떻게 이어 갈지를 고민하다 상담실을 찾아 왔습니다. 현규 씨는 우연히 만난 여자 친구가 정말 자신의 운명처럼 느껴져 온 힘을 다해 챙기고 사랑을 주었답니다. 매일 아침 여자 친구의 집에 들러 차로 직장까지 바래다주고, 퇴근 때도 직장 앞으로 가서 또 집까지 바래다주기를 1년이 넘도록 했습니다.

문제는 출퇴근 시간에 간혹 못 바래다주는 날이면, 싸늘하게 변하는 여자 친구였습니다. 결혼을 염두에 두고 진지하게 만나는데 날이 갈수록 여자 친구의 요구가 현규 씨에게 버겁게 느껴졌지요.

아무리 해도 채울 수 없는 여자 친구의 요구에 좌절한 현규 씨의 모습을 저는 한참 보다가 물었습니다. 요즘은 결혼이 전반적으로 늦어지는 추세인데, 서둘러서 결혼하려는 이유가 무엇인지를요. 현규 씨는 여자 친구가 자신과 잘 맞고 좋기도 하고, 결혼을 하면 아버지의 통제와 집으로부터 벗어날 수 있기 때문이라고 말했습니다. 여성들 중에도 결혼을 본가에서 탈출하기 위해 선택하는 경우가 많이 있지요. 현규 씨는 빨리 결혼해서 자신의 가정을 가지고 싶은데, 갈수록 여자 친구와 정말 일생을 함께할 수 있을지가 점점 의문이라고 했습니다.

이야기를 듣는 내내 현규 씨의 여자 친구는 '거울 소녀'라는 생각이 들었습니다. 여자 친구는 자신을 극진히 대접해 주고 살뜰히 챙기고 전적으로 보호해 주는 대상을 통해 자신이 얼마나 사랑스럽고 괜찮은 사람인지를 경험하고 느꼈던 것이지요. 그렇게 자신을 예쁘고 사랑스럽게 비추던 거울이 조금이라도 삐걱거리거나 마음에 들지 않으면 견디지 못하고 독설을 쏟아 내고 포악해진 것입니다.

지옥 같은 출퇴근 길을 매일 챙기는 남자 친구가 있다면, 고마워하고 혹 지친 기색을 보이면 '내가 너무 받기만 하고 있었나?' 하고 상대를 고려할 수도 있어야 합니다. 하지만 현규 씨의 여자 친구는 현규 씨를 자신을 비추는 거울로만 기능하는 것으로 보고 그러한 생각을 하지 않았던 것 같습니다. 머슴의 보살핌을 받는 마님처럼 자신은 늘 챙김받아야만 하는 것이지요. 이는 지극히 유아적인 자아 상태에서 시작됩니다.

남편을 버려야 내가 산다

▶ 사랑받고 싶은 내면 아이, 거울 소녀

라캉은 이런 자아 상태를 '거울 단계', '상상계'라고 불렀습니다. 단순하게 말하면, 이것은 자신의 신체나 상태를 통합적으로 감각하지 못하는 생후 6개월에서 18개월 사이의 아기가 거울에 비친 자신의 모습을 발견하고 즐거움을 느끼고 표현하는 것을 말합니다. 실제 자신을 제대로 볼 수 없기에 거울에 비친 이미지를 진짜 자신이라고 느끼며 즐거워하는 것이지요.

모든 성인에게는 이런 '거울 자기'가 존재합니다. 타인에게 비춰진 자신의 모습을 즐기는 것은 누구에게나 발견할 수 있는 유아기의 흔적입니다. 하지만 이 거울 단계에 매몰되어 모든 인간관계, 특히 연인이나 배우자, 친구에게 집착적으로 거울을 요구하는 현상도 적지 않게 발견할 수 있습니다.

타인이 나를 극진히 사랑받고 보호받는 소녀의 모습으로 비춰 주지 않으면 스스로가 사라져 버리는 듯한 불안은 자신과 타인을 핍진(乏盡)하게 만듭니다. 왜냐하면 이것은 진정한 자기가 아니기 때문입니다. 거울이 되어 주는 타인은 도구로 전락하고 그 도구에 의존해 아름다운 자신이 끝없이 반영되어도 그것은 언제든 거울이 사라지면 함께 사라지고 마는 이미지에 불과하기 때문이지요. 오직 자신의 이미지만을 먹고 살아 가기에 진짜는 다시 그 이미지에 의해 소외될 뿐입니다.

현규 씨의 여자 친구 같은 여성은 설령 결혼을 하고 안락한 가정을 꾸려도 남편과 아이마저도 그녀를 비추어 줄 거울로 삼기 쉽습니다. 이미지를 먹고 사는 거울 소녀와 관계 맺는 이들은 현규 씨처럼 실제적인 소외와 외로움에 시달리게 되지요. 또 한 가지 안타까운 점은 거울 소녀들은 자신을 비추던 거울이 깨지면 산산조각 난 자신의 이미지를 스스로 만들어 가려고 노력하기보다는 그 조각을 다시 맞춰 줄 적당한 대상을 찾아 옮겨 간다는 사실입니다.

그렇다면 현규 씨는 왜 유독 거울 소녀에게 매료되었을까요? 잠깐 언급한 것처럼 현규 씨는 서른이 되도록 강력한 아버지의 통제 아래서 자랐습니다. 아버지가 학교, 직장까지 정해 줘서 스스로 결정할 수 있었던 것이 아무것도 없었습니다. 현규 씨는 아버지가 아들을 위해 설계해 놓은 안전하고 안정적인 경로를 걸어가지 않으면 실패할 것이라는 아버지의 설득에 익숙해져 있기도 했지요.

현규 씨는 스스로를 경험하고 성취하고 느끼는 것에 둔감해져 있었습니다. 그러는 와중에 모든 것을 적극적으로 표현하는 여성을 만나 감각적으로 자극받으며 사랑 안에서 행복을 느꼈던 것입니다. 하지만 그녀의 요구와 표현은 점점 지나쳤고, 이에 현규 씨도 지쳤던 것이지요.

현규 씨와 여자 친구의 관계는 내면의 한쪽이 텅 비어 있는 두 아이가 서로에게 전적으로 의존한 모습이었습니다. 그 의존이 서로를 지지하고 받치는 기둥이 되었다면 좋았겠지만 아이로서 자신의 요구만 있을 뿐 다른 아이의 요구에는 관심이 없었던 것이 관계를 파국으로 몰고 갔습니다.

▶ 내가 사라져 버린 관계

이번에는 반대의 경우를 이야기해 볼까 합니다. 20대 후반의 하연 씨는 자신의 이상형을 만났습니다. 외모와 직업이 평소 생각하던 자신의 기준에 맞았고, 무엇보다 남자 친구와 함께 밖을 나가면 하연 씨도 좀 더 그럴듯한 사람이 된 듯해서 뿌듯했습니다. 하지만 외적으로 드러난 번듯함과는 달리 둘만 있을 때 남자 친구는 꽤 거친 사람이었습니다. 그가 원할 때는 아주 거친 성관계도 감수해야 했고, 함께 있다가도 친구들이 부르면 하연 씨의 감정은 안중에도 없이 다른 약속을 만들어 떠나 버리기도 다반사였습니다. 남자 친구는 마치 하연 씨를 자신이 마음대로 다룰 수 있는 물건처럼 취급했던 것이지요.

하연 씨는 자신의 모든 것을 걸고 이 사람과 결혼하면 모든 것이 잘될 거라 생각하며 남자 친구에게 헌신했지만, 갈수록 높아지는 불안이 심각한 상황까지 이르렀습니다. 남자 친구는 하연 씨의 불안정한 모습에 짜증을 내며 급기야 먼저 이별을 고했습니다. 하연 씨가 그토록 두려워하던 일이 벌어지고 만 것이지요.

하연 씨는 남자 친구가 요구한 착취적인 육체관계로 인해 몸도 많이 망가진 상태였습니다. 하연 씨는 남자 친구가 자신을 영영 떠나 버리지는 않을까 하는 두려움에 거절은 엄두도 내지 못했습니다.

하연 씨는 남자 친구가 혹시 마음이 식어 가지는 않는지, 어디에 정신을 쏟고 있는지 생각하는 데 온 에너지를 쓰느라 지칠 대로 지친 상태였습니다. 그러한 하연 씨의 발버둥에도 불구하고, 결국 불안해하던 파국을 맞았고, 하연 씨는 일상을 유지하기조차 힘든 상태였습니다.

하연 씨는 언뜻 보면 오직 사랑에 목숨을 건 사람처럼 보였습니다. 하연 씨는 사랑을 잃고 사랑하는 대상으로부터 버려지면 모든 것이 끝날 듯한 공포와 두려움에 싸여서 연애할 때마다 모든 것을 퍼부어 헌신하지만, 매번 상처로 이어지는 파국을 맞고는 했습니다. 이렇게 만나는 연인에게 자신을 모두 내어 주며 연인과 자신을 동일시하는 일이 많은 여성들에게 일어납니다. 그리고 연인이 사라지면 자신의 정체성도 한동안은 사라진 상태가 되는 것이지요.

▶ 의존하는 관계에서 만족은 없다

하연 씨도 현규 씨와 마찬가지로 자신에게 집중하거나 자신의 상태를 돌보는 일이 가장 어렵습니다. 타인을 통해서만 나의 이미지와 접촉하

남편을 버려야 내가 산다

고 그 이미지를 통해서만 만족을 경험합니다. 이미지에 매몰된 상태에서 타인과 나의 구분이 모호합니다. 내가 의존하는 타인의 이미지나 요구를 충족시키고 보충해 주는 방식으로 자신을 유지하는 것이니까요. 그래서 나의 행복과 불행의 대부분이 타인의 태도와 행동에 달려 있습니다. 그가 나를 존재하게 하는 권력자가 되는 것이지요.

이렇게 이미지에 의존하며 얻는 만족은 진짜 만족이 아니라 상상적 만족입니다. 사실 이런 관계는 부부 사이에서도 일어납니다. 한쪽이 어느 한쪽을 주인처럼 섬기며 안전한 관계를 유지하는 것인데, 커다란 마찰이 없는 경우에는 이를 원만한 관계라고 착각하는 것이지요.

이런 사람에게 외부로 쏟던 에너지를 스스로에게 돌리자고 이야기하면 대부분 어쩔 줄 몰라 합니다. 남편이 늦게 들어오는지, 아이한테 좋은 아빠가 되고 있는지, 나를 어떻게 대하는지를 통해 나 자신과 접촉하는 길이 트여 있어서 다른 길을 어떻게 내야 하는지가 막막한 것이지요.

그 에너지 방식은 완벽한 명분과 알리바이를 제공합니다. 가족은 이래야 한다는 관념, 아빠는 어떤 모습이어야 한다는 관념을 갖고 남편을 좋은 아빠로 만들기 위해 쉼 없이 요구하고 투쟁합니다. 아이가 말도 예쁘게 잘 듣고 공부도 잘 따라 주면 그것으로 인해 행복해졌다가 금세 바람이 빠집니다. 바람이 빠진 자리에는 불안이 생겨 또 다른 고민거리를 해결하기 위한 투쟁에 들어가지요. 삶의 시간은 그렇게 메워집니다.

2장

여자에게
사랑은 무엇일까

– 아내의 결핍에 대하여

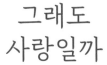

그래도
사랑일까

"결혼생활을 유지하면서 아내가 남편과 함께 살아야 하는 이유와 의미를
새롭게 갱신하고 찾지 않으면, 관계는 좀비처럼 텅 비어 버린다."

남편들이 바깥을 흘끔거리면서도 결코 아내와의 결혼생활, 가정이라
는 울타리를 포기하지 않는 이유를 '그가 궁극적으로 사랑하는 사람이
나이기 때문'이라고 생각하지 않기를 바랍니다. 그들이 바깥을 흘끔거
리면서도 아내를 놓지 못하는 것은 사랑의 차원이기보다 규칙과 질서,
법의 차원에 더 가깝습니다. 여성에 반해 남성은 질서와 법의 지배를 훨
씬 강하게 받기 때문이지요.

남성 중에는 근본적이고 강력한 가정이라는 질서, 그것을 이탈하는 것
을 금기로 만들고, 혼외 관계 등 위반을 즐기며 그 위반에서 오는 쾌락을
마다하지 않는 이들도 있습니다. 그들은 근본적·사회적·상징적 법(法)인

'가정'을 파괴하고 깨는 것을 여성들은 상상하기도 어려울 만큼 두려워합니다. 그로 인한 상태를 여성의 입장에서 '그래도 사랑'이라고 자위하는 것은 본질을 은폐하고 자기만족과 자신을 포기하는 행위에 지나지 않습니다. 중요한 것은 우리를 눈멀게 하는 '사랑'이라는 놈이지요.

여성이 남성과 결혼생활을 유지하면서 자신이 남성과 함께 살아야 하는 이유와 의미를 새롭게 갱신하고 찾지 않으면, 관계는 좀비처럼 텅 비어 버립니다.

▶ 기능적 관계가 전부였던 부부

지연 씨는 남편과 그리 애틋한 애정을 나누지는 않았지만 큰 무리 없이 결혼생활을 하고 있다고 생각하며 지냈습니다.

그러던 어느 날 갑자기 남편으로부터 이혼하자는 이야기를 들었습니다. 지연 씨는 세상이 꺼지고 무너지는 듯한 아득함과 동시에 머릿속이 새하얘졌습니다. '무엇이 잘못되었을까? 왜 갑자기 이 남자가 나에게 이런 짓을 하는 것일까?'라는 생각으로 무수한 밤을 새우다, 결국 죽고 싶은 심정을 간신히 추스르며 상담실을 찾았습니다.

지연 씨 남편은 착실하게 직장생활을 하는 사람이었습니다. 지연 씨는 아이들을 돌보는 데 집중하며 나름 안정되고 단란한 가정을 잘 유지하고 있다고 생각하던 차였습니다. 남편에 대해 불만이 없었던 것은 아니지만 사람이 사는 것이 다 그렇고 뭐 특별할 것이 없다고 생각했고, 그저 현재를 잘 유지하며 아이들을 키워 내면 충분하다고 생각하며 지내 왔습니다. 그런데 갑자기 남편이 결혼생활을 정리하고 싶다고 말할 줄은 꿈에도 몰랐지요.

결혼이 파국에 이르는 것, 그것도 내 잘못이 아닌 남편으로 인해 파국에 이른다는 사실이 지연 씨에게 공포와 억울함을 넘어 걷잡을 수 없는 분노로 다가왔습니다. 그럼에도 공포와 두려움으로 인해 지연 씨가 오히려 남편을 달래며 매달리는 상황이 되었습니다.

분석 과정에서 지연 씨는 자신이 남편을 외롭게 하고 있었다는 사실을 처음으로 알았습니다. 살림도 훌륭했고 아이들을 키우고 돌보는 것도 흠잡을 데 없었지만 정작 남편이 무슨 생각을 하는지, 어떤 상태인지는 알고 싶어 하지 않았다는 것입니다. 남편이 그저 착실히 가장으로서 책무만 다해 주면 되었고, 그 외에는 지연 씨가 크게 기대하지 않았다는 것이지요. 대신 지연 씨도 남편과 기능적인 관계 그 이상 그 이하도 맺지 않았던 것이지요.

지연 씨도 스스로 외로운지조차 인식하지 못한 채 외로웠습니다. 남편의 상태가 어떤지에 대해 무관심했듯, 지연 씨는 자신에게도 그러했습니다. 엄마와 아내 역할로서의 자신만 있었지, 자신이 어떤 것에 만족을 느끼는지, 무엇을 원하는지, 어떻게 살고 싶은지 몰랐습니다. 서로가 좀비처럼 텅 빈 채로 가정생활을 유지하는 것에 지친 남편이 먼저 이야기를 꺼낸 것이지요.

지연 씨는 남편에게 다른 사람이 생겼는지 의심했고 여러 차례 물었으나 그렇지는 않다고 했습니다. 남편은 이혼하고 다른 사람이 생기면 다시 사랑을 해 볼 생각은 있다고 말했습니다. 지연 씨는 남편이 갑자기 그러는 것이 믿기지가 않아 남편의 핸드폰 내역을 조사하고 카드 내역 등을 살폈습니다. 혹시 다른 사람의 흔적이 없는지를 샅샅이 찾았으나 별다른 것은 없었습니다. 차라리 어떤 물증이라도 있으면 상황이 납득되겠는데 그렇지도 않아서 더 미칠 노릇이었습니다.

지연 씨의 남편은 단호했습니다. 냉정하게 바라보면 남편은 지극히 이기적인 선택을 했지만 그 개인의 차원에서는 좀 더 자신에게 윤리적인 선택을 한 것으로 보입니다. 더 이상 좀비처럼 살고 싶지 않다는 결의로 보이니까요.

지연 씨는 남편이 그런 결정을 하기까지 조금의 눈치도 채지 못하고 어디를 보고 있었을까요? 부부로 무리 없이 살고 있다고 믿었던 지연 씨의 나르시시즘적 환상이 깨어지며 실제는 두 사람이 전혀 관계 맺고 있지 않던 것이 일순간 드러난 상황입니다.

사회적 통념이나 의무와 법의 기준에서 보면 남편은 나쁜 사람임에 틀림없습니다만, 개인의 윤리와 사회적 도덕을 조금은 다르게 보아야 할 것 같습니다. 지극히 개인의 차원에서 보면 남편은 더 이상 유령 같은 삶을 살지 않겠다고 선언했으니까요. 남편은 자신의 불만족스러운 삶으로부터 탈피하기 위해 아내를 속이며 몰래 유희를 즐기며 가정을 유지하는 쪽을 선택하기보다 온전히 자신의 삶을 새롭게 하겠다고 선택했으니까요.

▶ 이혼의 방패, 아이들

이런 상황에서 여성들이 가장 강력한 무기로 쓰는 것이 아이들입니다. 지연 씨는 어떻게 아빠가 아이들에게 상처를 주는 이혼을 서슴지 않고 할 수가 있냐고 울부짖었습니다. 남편은 아이들에 대한 책임은 끝까지 질 것이며 아이들과의 관계도 변함 없이 최선을 다하겠다며 조금의 틈도 보이지 않았습니다. 지연 씨는 아이들을 내세워서라도 남편을 주저앉히고 어떻게든 복수하고 싶기도 했습니다. 무엇보다 혼자서 아이들을 키워야 한다고 생각하니 앞이 캄캄했지요.

분석가인 제가 지연 씨에게 그런 사람은 털어 버리고 새 삶을 당당하게 살라고 이야기하거나 부부 상담을 제안하며 서로의 구멍 난 관계를 회복시키기 위해 노력한다면 그것은 또다시 가부장적 법 질서의 목소리로 두 사람을 종속시키는 것과 다르지 않습니다. 우리가 보편적이고 상식이라고 이야기하는 가정이라는 그림, 그저 균열 없이 온전한 화목함을 완성시키는 세계의 명령에 복종하는 법이 결코 인간의 행복을 책임져 줄 수는 없기 때문입니다.

지연 씨는 견디기 어려운 나락의 날을 간신히 버티고 죽고 싶은 충동을 스스로 다잡으면서 일주일에 두 번씩 상담실을 찾아와 그 감정의 끔찍함과 지난함을 풀어 나갔습니다. 세상에 혼자만 덩그러니 따로 돌아가는 듯한 이질감과 괴리감을 견디면서요. 상담자인 제가 할 수 있는 최선은 그 시간을 함께 견디는 것이었지요. 주저앉고 싶어 하는 지연 씨를 집요하게 붙들었고, 지연 씨는 끔찍한 시간을 견디었습니다.

지연 씨는 남편에게 향하던 모든 에너지와 초점을 조금씩 자기 자신에게로 돌리기 시작했습니다. 자신이 남편을 타인으로 인지하지 못하고 마치 아이들이 엄마, 아빠와 헤어지는 것을 상상할 수 없는 상태임을 알아차리기도 했습니다. 그간 지연 씨에게 남편은 남편이기보다는 보호자였습니다. 어떤 일이 있어도 자신과 아이들을 돌보고 지켜 주어야 하는 보호자 이상은 아니었습니다. 그런데 갑자기 보호자가 사라진다고 하니 부모 잃은 아이처럼 무섭고 두렵기만 한 것이지요.

정말 지연 씨가 남편 없이 혼자서 살아갈 수 없는 사람일까요? 그것은 지연 씨의 선택에 달려 있겠지요. 지연 씨는 어째서 자신의 욕망이 무엇인지도 모른 채 가정이라는 그림만을 완성하려고 그렇게 열심히 살았을까를 자책하기도 했습니다.

남편을 버려야 내가 산다

▶ 남편이라는 증상

남편이라는 증상은 지연 씨에게 자신이 어떤 사람인지 자신이 정말 원하는 것이 무엇이고 어떤 사람으로 살고 싶은지를 다시 마주하게 만들었습니다. 지연 씨에게 결혼은 친정 식구들로부터 탈출하는 출구 이상은 아니었습니다. 여성들이 삶을 전환하고 변화를 꿈꿀 때, 원 가정에서 탈출하는 출구로서 결혼을 선택하는 일이 많습니다. 결혼은 결코 출구가 아닌 새로운 규칙 안으로 들어가는 것인데 말이지요.

환경을 바꾸어서 변화를 꿈꾸는 일은 손쉬운 선택입니다. 내 삶의 만족을 좌우할 수 있는 권력을 환경에 혹은 타인에게 위임하는 행위이니까요. 이러한 변화는 환경이나 타인이 흔들리면 내 삶도 송두리째 흔들리고 맙니다. 결혼은 때가 되면 해야 하는, 남들이 하니까 해야 하는 그림의 완성이 결코 아님에도요.

지연 씨가 자신의 알맹이는 포기한 채 기능적인, 역할로서만 살아오던 삶의 한 모퉁이에서 남편은 지연 씨의 안정과 유지라는 그림에 균열을 일으키는 증상으로 드러났습니다. 그 증상은 지금까지 지연 씨가 어떤 상태로 지내 왔는지 가장 충격적이고 파괴적인 방식으로 자신을 드러내고 있습니다.

우리는 증상은 완화시키고 진정시켜야 한다고 생각하지만 그것은 개인의 진리를 은폐하고 또 다른 증상의 출현을 예고하는 것과 다르지 않습니다. 증상은 제거해야 할 그 무엇이 아니라 받아들이고 수용하면서 그것이 제 모습을 갖추도록 해야 할 무엇이니까요.

지연 씨의 남편은 지연 씨가 마음을 추스릴 수 있도록 시간을 더 주겠다고 했습니다. 온전한 자신의 삶을 살아가겠다는 결심에는 변함이 없다는 말도 덧붙였습니다.

지연 씨는 요즈음 처음으로 경험해 보는 감정과 상태가 참 많다고 말합니다. 너무 아프고 외롭고 슬프다는 생생한 감정, 앞으로의 삶에 대한 두려움과 또 어쩌면 전혀 다른 새로운 삶을 살 수 있을 것이라는 희망을 느낀다고 합니다. 마치 어린 아이가 처음 세상을 만나면서 겪는 것처럼 여러 감정을 생생히 겪고 있다고 말합니다. 지연 씨는 1년이 넘는 시간 동안 일주일에 두 번 이상을 오직 자기 자신과 치열하게 만나며 조금씩 스스로 중심을 잡아 가고 있습니다.

남편의 이별 통보가 정말 지연 씨에게 독은 아니었던 것 같습니다. 우리가 사건을 어떤 시선으로 바라보고 어떤 태도로 조우하는지에 따라, 또는 어떤 방식으로 애도하는지에 따라 그 결과는 전혀 달라질 테니까요. 지연 씨에게 일어난 남편이라는 증상은 처음으로 지연 씨 자신이 어떤 사람인지 스스로 관심을 기울이게 한 사건이었다는 것은 틀림없어 보입니다.

남편을 버려야 내가 산다

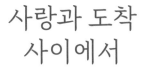

사랑과 도착
사이에서

"도착은 모든 유아기에서 자연스럽게 일어나는 과정의 일부이지만,
이것이 성인이 된 후에 관계에서 발화되는 현상은 쉽게 발견하기 어렵다."

남성 중에는 사회적으로 원만하고 대인관계도 나무랄 것 없이 좋아 보이지만 단독적인 관계 안에서 도착적인 구조나 현상을 보이는 사람이 생각보다 많습니다. 성도착(性倒錯)적인 남성의 특징을 말씀드리자면, 이런 남성은 관계에서 지배와 복종을 요구하거나 그런 구조로 사람을 끌고 들어가는 경향을 보입니다.

부모와 자녀 간에도 이런 일은 종종 발견됩니다. 부자 아버지가 '돈'을 볼모로 자녀를 복종시키고 돈의 노예로 만드는 일도 도착적인 관계라고 볼 수 있습니다. 그들의 세계에서는 타자나 대상이 소유 혹은 지배하거나 자신의 무의식적 쾌락을 탐닉하는 산물 이상은 아닙니다.

남편이 아내와 정신적으로 교감하지 못하고 아내를 성적인 대상으로 보고, 자신이 가진 권력과 경제력으로 아내를 쥐락펴락하는 관계 또한 마찬가지입니다. 여성들 중에서도 관계를 지배와 통제로 인식하며 대상을 가지려고 드는 경향이 발견되는 경우도 있지요. 이들은 대상을 소유하고 탐닉합니다. 아이가 엄마의 신체를 탐닉하고 즐기면서 역으로 엄마를 온전히 소유하고자 하는 것처럼 성적 욕망도 마찬가지입니다. 이 욕망 게임에 휘말려 들면 빠져나오기 어렵습니다.

▶ 유아기에서부터 시작하는 도착

유아적 고착의 흔적이 성적(性的) 일탈로 드러나는 것만을 '성도착', 소위 말하는 '변태'라고 생각하기 쉽습니다. 하지만 원만해 보이는 관계 안에서 발화되는 도착은 감지하기도 어렵고 쉽게 드러나지 않아, 더 위험합니다. 이들은 일탈적 성행위를 직접적으로 하지 않기 때문입니다.

도착 경향의 관계에서 주도권을 쥐고 있는 이들의 충동이 향하는 것은 대상을 통해서 그 충동의 온전한 목표에 도달하려는 욕망을 보입니다. 충동의 온전한 목표는 대상을 통한 완전한 성적 만족입니다. 이때 성적 만족은 직접적인 신체적 만족이 아닌 관계나 타자를 대상으로 한 무의식적인 성적 충족을 말합니다.

성도착을 보이는 이들에게 있어 대상(對象)은 완벽하게 충동을 만족시키는 물신(物身) 이상으로 기능하지 않습니다. 그들의 세계는 오직 권력 게임으로 물들어 있습니다. 파괴적이고 충동적이어서 법을 벗어나는 관계에 대해서 죄책감을 가지지 않습니다.

혹 법과 규칙 안에서 살아가는 사람이라도 그들의 공격성과 가학성은 사소한 행위에서도 종종 드러납니다. 그들은 대상을 가지지 못할 때 그 대상을 파괴하거나 손상시키고 싶어 합니다. 아무리 결혼 관계에 있는 배우자라도 자신의 만족을 방해하거나 자신의 지배에 들어오지 않을 때 수단과 방법을 가리지 않고 대상을 손상시킵니다.

육체적인 파괴는 눈으로 드러나기에 오히려 빠져나오기가 쉬운 편입니다. 그러나 보이지 않는 가학성과 잔인함은 타인과 경계를 허물어뜨리며, 그렇게 얻어 낸 침범은 타인을 병들게 하고 고통과 환멸로 몰아넣습니다. 남녀 관계에서 사랑이라는 이름으로 도착적 블랙홀을 빠져나오지 못하고 스스로 파괴되어 가는 줄도 모르는 사람이 많은 것처럼 말입니다.

도착은 모든 유아기에서 자연스럽게 일어나는 과정의 일부이지만, 이것이 그대로 고착되어 성인이 된 후에 관계에서 발화되는 현상은 쉽게 발견하기 어렵습니다. 유아기에는 어머니의 신체를 물고 빨고 탐닉의 대상으로 삼으며 정서나 의식이 개입되지 않는 쾌락만 존재합니다. 최초의 아기가 어머니를 탐닉하고 그로 인해 쾌락을 느끼는 산물은 정서적이거나 언어 소통의 부분이 부재한 신체만을 말합니다.

부모 자식의 관계 안에서도 이런 유아기 현상을 끊지 못하고 계속 이어 가는 것을 어렵지 않게 봅니다. 사랑과 가족이라는 울타리 안에서 그럴듯한 명분으로 보호를 받지만, 자식을 집요하고 집착적으로 소유하고 쾌락의 산물로 삼는 부모가 생각보다 많기 때문입니다.

도착적 관계에서 희생되는 자녀들은 배우자를 만나 새로운 가정을 꾸리기보다는 나이가 들어도 여러 형태로 원 가족인 부모, 그중에서도 아버지든 어머니든 한 부모와 밀착 관계를 형성합니다. 결혼한 아들이 자신이 돌보아야 할 새로운 가정이 생겼음에도 그 가정이 우선이기보다 어머니나 아버지를 두려워하며, 자신이 이룬 가족마저도 부모에게 복종하도록 끌고 들어가는 경우입니다. 여기에는 '자식의 도리'라는 명분이 따라붙지요.

▶ 자라지 못한 어른 아이의 발버둥

민정 씨는 결혼생활이 10여 년에 이르러서 남편과의 관계를 다시 생각하기 시작했습니다. 대기업을 다니는 남편이 회사에서는 유능하고 봉사 활동에도 적극적이어서 원만한 사람이라고만 생각했습니다. 민정

남편을 버려야 내가 산다

씨는 남편이 그저 공감 능력이 부족한 사람일 뿐이라고 스스로 다독이며 세월을 버텨 왔으나, 도저히 맞지 않는 남편과 함께 살기가 어렵다고 생각해 이혼을 고려하기 시작했습니다.

민정 씨의 그런 마음을 눈치챈 남편은 아이들을 볼모로 민정 씨를 옴짝하지 못하게 했습니다. 치밀하고 꼼꼼하게 민정 씨가 빠져나갈 수 없는 여러 법적인 조건과 장치도 마련해 놓았습니다. 민정 씨가 남편을 떠날 기색이 조금이라도 드러나면 아이들에게 경제적인 지원을 끊어 버리는 방식으로 직접적인 위협을 행사하기도 했습니다.

도착적 관계는 아무리 부부 상담이나 커플 상담을 받고 서로 소통하기 위한 노력을 기울여도 개선되기 어렵습니다. 극단적으로 표현하면 어린 아이가 맛있는 음식을 탐닉하고 있을 때, 다른 음식을 먹자고 뺏고 달래도 어린 아이가 자신을 만족시킨 음식을 손에서 놓으려 하지 않는 것과 같습니다. 어린 아이는 음식을 빼앗길 때 울며 발버둥 치는 것으로 끝나지만, 사회적 권력이든 돈이든 어떤 힘을 가진 성인이라면 탐닉한 것을 놓지 않는 장치가 더 견고합니다.

무의식의 구조에서 일어나는 도착적 탐닉은 절대 설득해서 뺏을 수 없습니다. 또 정서에 호소한다고 해서 절대 놓을 리가 없습니다. 오히려 그것을 방해하는 자에게 무자비해질 뿐입니다. 설령 가족이라 할지라도요.

알아차리기 어렵지만 관계를 이어 갈수록 상대가 나를 핍진하게 하고 병들게 한다는 자각이 일어난다면, 그것은 극복해야 할 일이 아니라 즉시 중단해야 하는 일입니다. 그 게임에서 도착적이지 않은 사람이 도착적인 사람을 이기거나 밀어내거나 설득할 수 없습니다. 게임판 밖으로 나오는 것밖에는 방법이 없다는 이야기이지요. 조금 더 덧붙이면, 내가 그런 관계로 끌려들어 간다면 나의 무엇이 그런 관계에 매혹당하는지를 아는 것이 중요하겠지요.

남편을 버려야 내가 산다

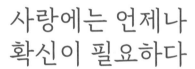

사랑에는 언제나
확신이 필요하다

"여성은 남성에게 사랑의 확신을 얻고자 한다.
완전한 사랑의 이름으로."

가부장적이고 권위적인 가정에서 자란 남성의 다수가 자신이 겪은 방식으로 아내나 자녀를 대합니다. 단단하고 힘 있어 보이는 가장이 어떤 일을 결정할 때 "내가 이렇게 결정할 때는 이유가 있으니 그냥 믿고 따라와. 그냥 해. 가장이니까 나를 믿고 존중해 주면 좋겠어"라고 말한다고 합시다. 그때 아내는 "왜? 왜 그런 건데?"라고 말합니다. 주거니받거니 옥신각신하다가 싸움이 되고 남편은 "너랑은 말하기 싫어. 만날 말꼬리만 물고 늘어지니 무슨 말이 돼. 됐다"라고 이야기합니다.

아내의 질문이 정말 남편이 말한 대로 말 자체의 문제를 해결하기 위한 것이었을까요? 아닙니다. 아내가 동의하지 않고 질문한 이유는 남편말 자체보다도 말의 태도 때문입니다. '내가 정했으니 그대로 하라'는 말에 담긴 명령하거나 지시하는 듯한 태도가 아내의 감정을 건드리고 상하게 한 것이지요. 아내는 본인이 왜 감정이 상했는지를 바로 알아차리지는 못했기 때문에 말 자체에 매달린 것입니다. 그런데 여기서 남편의 말을 잘 들여다볼 필요가 있습니다.

남편의 말에는 그의 요구가 숨어 있습니다. 태도가 권위적이거나 권력적이라 강압적이고 일방적이라는 느낌을 전달받기 쉬우나, 그 말 이면의 요구는 놀랍게도 "나를 인정해 줘"이지요.

▶ 말 속에 숨어 있는 요구

남성은 여성이 묻지도 따지지도 않고 자신을 절대적으로 믿고 의지해 주기를 바라는 욕구가 있습니다. 남성적 욕망 중 '충성'과 '복종'입니다. 남성적 욕망에는 자신을 믿어 주는 주군을 위해서는 죽음도 마다하지 않는 충성을 바치는 환상이 자리해 있습니다. 남성들이 좋아하는 영화에 그런 절대적인 신의(信義) 앞에서 복종하는 충성스러운 부하의 모습이 감동적으로 그려지는 이유이기도 합니다.

어린아이는 엄마나 아빠에게 인정받고 싶어 하는 욕구가 있습니다. 남편도 아이처럼 아내로부터 인정받고 싶은 욕구가 있습니다. 그러나

남편을 버려야 내가 산다

그 욕구를 쉽사리 알아차리지 못합니다. 단지 가장인 나를 믿고 따라와 주면 다 잘 될 텐데, 토를 단다고 스스로를 이해시키고 있을 뿐이지요. "나도 당신에게 인정받고 존중받고 싶어"라고 자신의 상태를 말해 주길 바라는 것은 여성적이 되라고 하는 또 하나의 요구입니다. 많은 남성이 자신의 약함을 드러내거나 표현하는 것을 두려워합니다. 남성의 말 이면에 있는 약함과 어린아이 같은 면을 잘 알아차리고 그것을 이해하거나 달래는 여성이 대체로 남편과 관계가 좋은 이유이지요. 생각보다 더 많은 부부들이 서로의 언어를 제대로 해독하지 못합니다. 물론 스스로 자기 언어가 무엇을 가리키고 어떤 욕구나 감정을 숨기고 있는지를 알아차리지 못하는 이유이기도 합니다.

나와 관계 맺는 타자의 요구를 읽어 내려면 상대방의 역사와 그 개인에 대한 상당히 세심한 주의가 필요합니다. 그를 위해 작정하고 시간과 정신의 에너지를 쏟아야 가능한 일이지요. 보이는 대로만 보는 것이 아니라 그 보이는 것 이면의 메시지를 이해하기 위해 서로에 대한 고민의 시간을 따로 내지 않으면 불가능합니다.

상대방의 부조리와 단점에 대한 생각으로 생각의 꼬리를 무는 것이 아니라, 상대방의 진짜 모습을 생각하는 시간이 필요합니다. 달달하고 감각적인 황홀 상태에서 벗어났다면, 상대에 대한 관심을 가지는 일은 매우 피곤하고 고단합니다. 남편이 아내에게, 아내가 남편에게, 아빠가 아이에게, 엄마가 아이에게 충분한 사랑과 관심을 기울인다고 생각하지만 그것은 자신들 입장에서 주고 싶은 관심과 배려와 돌봄이거나 자신에게 익숙한 방식의 사랑과 돌봄일 때가 많지요.

무엇보다 우리가 대화하거나 관계를 맺을 때 많은 이야기를 주고받지만 상대방의 말을 그들이 전달하고자 하는 맥락으로 알아듣고 있는지 생각해 볼 필요가 있습니다. 제가 상담실에서 매일 하는 고민 한 가지도 '내가 제대로 듣고 있을까? 내가 이 사람이 말하고자 하는 대로 듣고 있는 걸까?' 하는 것입니다. 분석가의 지식이나 틀로 상대방의 이야기에 맞추면서 상대를 규정하고 있지는 않은지 끊임없이 의심합니다.

▶ 사랑에 책임을 묻다

사랑에 빠진 연인들은 서로를 향해 어떤 것도 감수하기로 약속하고 그럴 수 있다고 확신하기도 합니다. 영화나 드라마에서 보여주는 사랑의 헌신은 많은 여성을 전율하게 하고 감동하게 합니다. 그 헌신에는 필연적으로 '자기 포기'가 따릅니다. 그런데 우리는 소중한 관계 안에서 어느 선까지 나를 포기할 수 있을까요? 혹시 이미 포기하며 살고 계신가요? 조심스럽게 저의 개인적인 이야기를 해 볼까 합니다.

저는 청소년기를 끝내자마자 수도원으로 들어가 10년 이상을 공동체

생활에 길들여져 지냈습니다. 남편도 마찬가지였습니다. 저와 남편은 서른이 넘어 환속을 결정하기까지 엄청난 두려움과 고통의 시간을 거쳐야 했습니다. 저는 마지막 결정을 앞두고는 탈수 현상까지 일어나서 살과 피가 타 들어가는 육체의 고통마저 느껴야 했으니까요. 마치 어떤 상자 안에 몸이 맞춰져 있는데 갑자기 그 상자를 벗어나 아무것도 보이지 않는 벌판에 서야 하는 것처럼 막막하고 두려운 상태였습니다. 아무리 기도를 해도 신은 답해 주지 않았습니다. 말 그대로 캄캄한 사막에서 어떠한 불빛도 없이 길을 찾아야 하는 상태와 같았습니다.

수도 생활이 진리의 길이라고 믿었던 시간을 접고 다른 길, 다른 삶의 형태를 살아 낼 준비는 되어 있지 않았습니다. 그런 준비를 했다면 수도 생활을 제대로 했다고 볼 수도 없겠지요. 당장 내일 하루가 어떻게 될지 모르는 상황에서 우리 두 사람은 서로에게 확신을 요구했습니다. 신이 답을 주지 않는다면 인간인 당신이 사랑의 확신이라도 주어야 나를 던질 수 있을 것 같았으니까요.

그때 수사였던 남편의 마음은 단순했습니다. "나의 사랑은 의심 없이 확고합니다. 당신이 환속을 결심한다면 나는 주저 없이 나갈 것입니다"였지요. 그런데 이 말을 잘 들여다보면 '당신이 환속한다면'이라는 단서가 붙어 있습니다. 자신은 마음의 준비가 되어 있으니 너만 마음먹으면 어떤 것도 함께할 수 있다는 것인데, 얼핏 보면 사랑의 확신 같지만 이 말에는 소년의 나약함이 그대로 묻어 있습니다. 당신이 환속한다면 나도 함께하겠지만 당신이 그곳에 머문다면 나 또한 그러겠다는 것이니까요. 결정에 대한 책임이 온전히 제게로 넘어온 순간입니다.

저는 가로막히는 답답함과 숨 막힘 속에서, 침묵하는 캄캄한 그 시간 속에서 온전히 스스로 선택해야 했습니다. 그 선택에 대한 무게를 져야 한다는 중압감으로 고통에 몸부림치기도 했습니다. 그 몸부림에는 남편을 향한 원망도 포함되어 있었습니다. 왜 사랑한다면서 확신을 가지고 내 손목을 잡아끌지 못하고 저렇게 수동적으로 행동하며 결정의 책임에서 발을 뺐을까라는 원망이었지요. 그리고 제 마지막 결정은 어떤 확신도 없이 "이대로는 안 되겠다"였습니다. 그것뿐이었습니다.

한치 앞도 보이지 않는 길을 향해 발을 내딛는데 단지 "아, 몰라"였던 것이지요. 당시에 이미 생긴 균열과 갈등을 그대로 품고 수도원에 남아도 수도 생활을 이어 갈 수는 없을 것이라는 생각이었습니다. 그래서 두 눈을 감은 채로 몸을 던지는 삶을 살기로 했습니다.

▶ 내면의 아이와 마주할 줄 아는 어른

여성은 남성에게 사랑의 확신을 얻고자 합니다. 제가 상대에게 바랐던 이상적인 확신의 모습은 이랬던 것 같습니다.

"나는 사랑을 선택했습니다. 그래서 수도원을 나가겠습니다. 그것이

남편을 버려야 내가 산다

제 사랑의 모습입니다. 혹여 당신이 나오지 않더라도 그 결과는 제 사랑의 선택에 대한 대가이니 저는 개의하지 않겠습니다. 저는 제 사랑에 대한 책임을 지겠습니다."

완전한 사랑의 책임이지요. 하지만 미약했던 '소년'은 자신을 포기할 만큼 단단한 어른은 아니었습니다. 온전한 '자기 포기'라는 것의 의미조차 제대로 알지 못했으니까요. 그것은 저 또한 마찬가지였습니다. 제 쪽에서 결정하고 한동안은 그 온전치 못한 책임에 대한 추궁을 남편에게 하기도 했습니다. 당신은 나를 온전히 사랑한 것은 아니라는 사실을 몇 번이고 주지시키고 싶어 했으니까요. 그것은 제 이상적 사랑에 대한 환상이 몰락한 순간이고 좌절이었습니다. 그러나 진짜 관계는 그 몰락 이후부터입니다.

시간이 지나고 무수한 사람들을 만나면서, 그리고 정신 분석에 매진하면서 인간인 우리가 할 수 있는 선택과 그에 따른 책임은 참으로 미약한 소년과 소녀 들이 감당한다는 것을 알게 되었습니다. 우리는 자신의 미약함을 받아들여야 한다는 뼈아픈 사실도 겪어야 했습니다.

우리는 분명 용기를 내어 어른이 될 수 있습니다. 때때로 우리가 굳이 책임을 떠안으며 어른이 되는 순간들도 있습니다. 처음부터 온전히 어른인 사람은 단 한 명도 존재하지 않습니다. 시간이 흐르고 나이가 든다고 조금씩 어른이 되어 가는 것도 결코 아닙니다. 내 안에 자리한 어린 소녀와 소년 들과 만나지 못한다면 우리는 그 아이들에게 사로잡혀 나이가 드는 줄도 모른 채 나이 들어 갈 것이기 때문입니다. 서로의 미약한 소년과 소녀 들을 보지 못한다면 서로를 향한 비난과 분노는 모양을 달리하며 멈추지 않을 것입니다. 나약하고 미약한 우리 자신을 들여다보고 그 아이들과 대화하지 않는다면 말이지요.

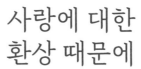

사랑에 대한
환상 때문에

"사랑의 시작은 비슷한 속성, 모양일지 모르나
제각기 그 속에서 각자만의 고유한 역사를 만들어야 관계는 의미를 더한다."

여성이든 남성이든 애정에 대한 근본적인 환상이 있습니다. 프로이트는 모든 인간이 '본 환상'을 가진다고 말합니다. 본 환상이란, 아이가 부모(대상)와의 관계에서 경험하거나 주요한 관계에서 성충동을 경험한 '본래의 장면'이라고 할 수 있습니다.

사람은 본 환상으로 현실을 구성한다고 말할 수도 있습니다. 말하자면 본 환상의 충동이 우리의 대인 관계, 특히 사랑하는 관계를 결정짓는다는 것이지요. 물론 이 환상은 단순하지 않으며 몇 겹의 우회로를 거치기도 하고 겹겹이 덧붙여져서 실제 모습은 쉽게 드러나지 않기도 합니다.

여성이 가지는 근본적인 애정에 대한 환상이 있고, 개인마다 환상의 모습과 결도 제각기 다르기 때문인데요. 그래서 한 개인은 대상을 만날 때 늘 다른 사람을 선택한다고 생각하지만 사실은 늘 같은 사람을 선택한다고도 할 수 있습니다. 즉, 대상은 계속해서 달라지지만 여성의 마음을 움직이고 충동을 일으키는 내적 구조는 같다는 말입니다.

여성이 꿈꾸는 남성에 대한 환상을 살펴보면, 꽤 많은 여성이 '어른스러움'과 '이상적인 안정감', 그 어떤 일에도 나를 지키는 든든한 '보호자의 느낌' 등을 갖고 있습니다. 물론 현실 속 연인과 남편은 그런 환상과는 사뭇 다르지요. 실제는 그와는 거리가 먼 결핍을 안겨 주는 남성과 살면서도 여성들이 영화나 드라마를 보고 환호하고 매료되는 환상에는 그런 근본적이고 이상적인 대상에 대한 상(像)이 있습니다. 이런 환상은 여자아이들이 꿈꾸는 이상적인 아버지상과도 연결됩니다. 자신을 매료시킨 어떤 환상은 아이였을 때 자라면서 느꼈던 실제 아버지에 대한 좌절에서 일어날 수도 있고, 아버지나 어머니에게 투사했던 자신만의 이상적인 모습일 수도 있습니다.

현미 씨는 출산 후 남편과 관계가 극도로 멀어져서 아이가 초등학교에 입학할 무렵에는 거의 남처럼 지내게 되었다고 합니다. 한 울타리에서 같이 살지만 남처럼 지내는 부부였습니다.

어느 날 아이가 문득 던진 질문 하나가 현미 씨로 하여금 상담실을 찾

남편을 버려야 내가 산다

게 했습니다. "엄마는 왜 아빠랑 같이 살아?"라는 질문이었지요. 현미 씨는 아이에게 무슨 말을 해야 할지 말문이 턱 하고 막혔습니다. 아이가 정말 그것을 의아하게 여겨서 질문했는지, 그냥 해 본 말인지는 알 수 없었습니다. 그러나 아이의 질문은 '사는 게 다 그런 거지'라며 하루하루를 보내던 현미 씨에게 큰 돌덩이가 하나 던져진 듯한 파문을 일으켰습니다.

▶ 남편의 어떤 점 때문에 결혼했을까

부부 문제로 상담실을 찾는 여성들 중에 많은 분이 '남편은 어떤 장점을 가졌고 어떤 능력이 있었고 어떤 재능이 있는 사람이었다'라는 말을 하고는 합니다. 그런데 시간이 지나 상황이 나빠지고 관계도 소원해져서 지금은 그저 그런 관계에 있다는 것이지요.

한 번쯤 다시 생각해 봐야 합니다. 정말 남편과 결혼을 결심할 때, 그의 그런 장점과 재능이 결혼의 결정적인 요소였는지를 말입니다. 그것이 남편을 선택한 결정적인 '무엇'이었는지를 한 번 더 진지하게 들여다보면 좋겠습니다. 그것은 무의식적인 선택을 내리기 위해 스스로가 만든 무수한 알리바이 중 하나일 수 있습니다. 내가 누군가를 선택하는 데는 자신도 모르게 익숙한 결핍의 요소를 탐지하여 그 안으로 스스로 걸어 들어갔을 수도 있고, 혹은 자신에게 결핍된 요소를 채워 주리라는 환상을 가졌기 때문일 수도 있습니다. 표면적인 조건과 이유가 반드시 결정적인 이유는 아니라는 것이지요.

여기서 문제는 결혼한 여성이 남편에 대한 애정 욕구와 요구가 충족되지 않는다고 느끼고 좌절이 반복될 때, 결핍감에 고통스럽고 불행해진다는 것입니다. 특별히 사악한 모성을 가진 몇몇이 아니라 사랑과 가족의 이름으로 결핍된 여자인 엄마는 아이를 깔고 앉기도 합니다. 남편으로부터 채워지지 않는 욕구와 요구에 대한 보상을 자신의 희생과 헌신을 담보로 아이에게 은밀하게 또는 직접적으로 요구하는 것이지요.

단정적으로 말하자면 이 결핍과 좌절에서 일어서려고 스스로를 돌보는 여성을 많이 보지는 못했습니다. 좀 더 관대하게 이야기하면 우리는 애정이 없으면 살 수 없는 존재이기도 합니다. 은밀하게는 혼외정사를 꿈꾸기도 하지만 도덕적인 죄책감과 비난이 두려워 차마 선을 넘기는 어렵습니다. 드라마와 소설 등을 배회하며 환상을 만족시키기도 합니다. 자신이 갖고자 하는 애정을 무의식이라는 은밀한 창고에 넣어 자신을 속이고 아이들을 속이며 물리적 지원과 돌봄을 담보로 합니다.

아이들이 남편 역할, 부모 역할의 심리적 양분을 제공하도록 하는 경우도 많이 있습니다. 엄마에게 남편 역할을 하는 아들과 딸은 그저 자신이 자녀의 도리나 가족으로서의 도의를 다한다고 여기면서도 알 수 없는 숨 막힘과 답답한 증상을 겪고는 하지요.

남편을 버려야 내가 산다

분석 중에 많은 여성들은 성찰을 하려고 시도합니다. 하지만 분석이 성찰을 위한 수련의 과정은 전혀 아닙니다. 우리가 내면을 들여다보고 알아야 할 것은 나를 움직이는 충동이 무엇인지, 충동의 구조가 무엇인지를 탐사하는 것입니다. 내가 나타내는 성질과 특성에 대한 성찰은 삶의 변화에 있어 그다지 주요하지도 효과적인 시도도 아닙니다. 성찰하고 반성하는 일은 좀 더 적응적인 인간을 만들고자 하는 세계 질서의 일부가 되는 일일 뿐이니까요.

중요한 것은 내적인 구조와 충동을 알기 위해 얼마나 노력하고 있는지, 알고 있는 나의 충동을 어떻게 조우하고 어떤 방식으로 실현해 나갈지 주의를 기울이는 삶입니다. 좀 더 만족스러운 방향으로 나아가게 하는 가장 본질적인 노력이겠지요. 아무리 멘토를 찾아 나서고 영적 지도자의 설법을 듣고 또 들어도 계속 같은 자리로 돌아온다면 그것은 무의식에 대한 무지와 무의식에 대한 억압, 은폐 때문입니다.

책이든 정신 분석이든 자신의 무의식에 주의를 기울이는 것, 내 삶을 중심으로 일어나는 당연하다고 생각했던 모든 것에 의혹을 품어 보는 것, 그것이 무의식에 주의를 기울이는 첫걸음이기도 합니다.

여성과 아내가 자신의 위치에서 역할에 매몰되지 않고 끊임없이 빠져나가는 사유를 시도하기 바랍니다. 타인, 즉 대상은 어느 누구도 우리를 온전히 만족시켜 줄 수 없습니다. 타인을 통한 만족은 찰나에 그칠 뿐이지요. 좀 더 영리해지시길 바랍니다. 나의 파트너가 내가 원하는 무엇을 줄 수 있고, 무엇을 줄 수 없는지도 명료하게 알아차려야 합니다. 나는 어디까지 얼만큼을 수용하면서 살아갈지 생각하는 시간도 필요합니다.

▶ 눈을 멀게 하는 사랑

줄 수 없는 것을 대상에게 끝없이 요구하며 좌절하는 일은, 쫓고 쫓기는 게임의 판으로 들어가는 일과 다르지 않습니다. 늘 패자의 자리에서 약자의 희열을 반복하고 즐기는 것에 다르지 않습니다. 더 이상 당신이 줄 수 없는 것 따위는 바라지도 요구하지도 않을 때 상대가 오히려 불안해집니다. 그녀가 무엇을 원하고 무엇을 필요로 하는지를 궁금해하고 알려고 듭니다.

절대적인 대상은 그 어디에도 존재하지 않습니다. 그저 나약한 우리들이 있을 뿐이지요. 한 대상에게 모든 것을 건다는 것은 아름다운 일일 수 있으나 그 절대적인 믿음과 의지에 따른 보상과 대가를 그 대상에게 요구하는 것은 또 다른 지옥의 문을 여는 것과 같습니다. 우리가 상상하고 환상하는 사랑의 확인과 보상은 그가 줄 수 있는 것이 아니기 때문입니다. 그래서 때로 여성들은 스스로의 눈을 멀게 합니다. 그를 보지 않는 것이지요.

우리는 사랑에 빠질 때 자신만의 환상을 상대에게 투사하고 그 투사한 상과 사랑에 빠집니다. 앞서 언급한 것처럼 사랑에 의해 실제 나와 그는 소외되고, 투사한 상에 전부를 걸게 됩니다. 환상이 사라지면 나도 사라집니다. 환상은 사랑을 시작하는 데 필요하지만 끝까지 이 방식의 사랑을 포기하지 못하면 고통과 갈등에서 헤어 나오지 못하기도 합니다. 시간이 흐르고 그 환상이 찢어지거나 바래서 그의 모습이 조금씩 입체적으로 드러나기 시작하면 배신감에 몸부림치기도 하지요. 그러나 그 배신은 그가 아닌 자신에게 당한 것입니다. 그는 원래 그였으니까요.

사랑의 시작은 비슷한 속성, 모양일지 모르나 제각기 그 속에서 각자만의 고유한 역사를 만들어야 관계는 의미를 더하고 색을 갖습니다. 남들도 다 그렇게 사니까 산다는 식의 태도는 자신의 삶을 가장 홀대하는 태도입니다. 한쪽이 한쪽을 전적으로 맞추는 관계 역시 결코 사랑의 관계가 아닙니다. 통제와 복종, 지배와 의존의 관계일 뿐이지요. 오히려 치열하게 다투고 싸우지만 그 속에서 진짜 서로를 알아 가고 각자 포기해야 할 것을 고려하는 태도가 더 진짜에 가까울 수도 있겠지요.

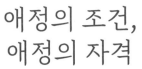

애정의 조건,
애정의 자격

"자신이 바라고 꿈꾸는 것을 줄 수 있는
사람과 사랑하겠다는 것은 어린아이 같은 마음이다."

부부로 살면서 상대가 싫은 수만 가지 이유가 발견됩니다. 그가 게을러서, 지저분해서, 무뚝뚝해서, 불성실한 아빠여서, 이기적이어서 등 셀 수 없이 미워하고 싫어하는 이유가 생깁니다. 정말 이런 이유로 내가 그를 받아들이지 못하는 것일까요? 그렇지 않습니다. 그가 가진 기질과 조건은 사랑, 애정과는 아무런 상관이 없습니다. 사랑과 애정은 '그럼에도 불구하고'입니다. 그런 싫어할 만한 많은 이유는 더 이상 사랑하고 싶지 않고 더 이상 허용하고 싶지 않은 내 안의 욕망이 만들어 낸 것일 뿐입니다.

사랑에 빠진 사람은 그 무엇도 극복하고 감수할 수 있는 광기를 발휘

남편을 버려야 내가 산다

하지요. 그 광기는 외부로부터 오는 듯하지만 내 안의 무엇이 외부의 무엇에 매료되면서 발화됩니다. 반대로 우리의 사랑이 끝나는 지점은 흔히 말하는 콩깍지, 내 안의 환상이 더 이상 작동하지 않는 순간에 일어납니다. 환상에 의존하는 동안은 개인(주체)이 의지나 충실성을 발휘하지 않아도 됩니다. 마치 약에 취한 듯이 오직 그 환상이 작동하는 힘에 의지하게 됩니다.

더 이상 환상이 작동하지 않고 환상이 벗겨진 상태에서 관계를 유지하면 법과 규칙만이 남습니다. 환상의 빛이 바랠 때 그 나약함이 무질서와 혼돈을 초래하기도 합니다. 혼돈을 막고 흔들림을 고정시키기 위해 아버지의 법, 가부장의 법, 세계의 법과 그 법에 의지해 법에 의미를 덧씌워 시간을 견뎌 냅니다. 결혼의 의무, 부모의 의무, 자녀의 의무가 그렇지요. 알맹이가 빠져 버린 관계에서 서로에 대한 의무와 책임에는 요구만이 남습니다. 일견 그 요구는 합당해 보이지요.

▶ 애정이 사라진 자리에서

그렇다면 애정이 식은 부부, 서로 사랑할 수 없는 부부는 헤어져야 마땅한 것일까요? 부부가 꼭 사랑하는 관계이어야만 한다거나 사랑이 없으면 헤어져야 한다는 것은 끝없는 규칙을 만드는 행위와 다르지 않습니다. 다만 내가 상대를 미워하거나 부정하면서도 함께 살아가야 한다면, 그에 따른 선택이 더 따라야 하겠지요. 단지 이혼은 나쁜 것이라서, 아이들에게 상처를 안겨 줄 수 없어서 등의 외부 요인이 아닙니다. 내가 이 사람과 살고자 하는 자신만의 의미를 만들어야 합니다. 설령 자녀들에게 상처를 주지 않기 위한 선택이라도 그것 또한 내가 한 선택으로 스스로 수용해야 그 선택에 대한 책임과 회한을 아이들에게 넘기지 않을 수 있겠지요. 그래야 내 삶이 덜 핍진(乏盡)해질 테니까요.

내게 필요한 것이 남편인지, 특정한 어떤 사람인지도 질문해 봐야 합니다. 남편의 자리에 다른 누군가가 필요한지, 또는 '이 사람'이 남편이기를 원하는지를요. 도무지 끔찍하게 느껴지는 남편이지만 남편이 없는 상태의 나를 견딜 수가 없어서 판단을 못하는 경우도 많이 있습니다.

우리는 왜 남편을 필요로 할까요? 꿈꾸는 남편, 연인이 되어 줄 사람을 찾아 그 자리에 넣어 보지만 언제나 결핍과 결여는 발생합니다. 내가 이 사람에게 매료된 이유는 시간이 지나면서 잊히고 다른 누군가 그것을 가지고 있을 것 같으면 또 찾아 헤맵니다. 현실의 제약은 높으니 드라마 속 멋진 주인공에게 더 매달리기도 하지요. 이 반복을 끝낼 수 있을까요? 정말로 한 인간을 사랑하고 애정을 나누기를 원하는 것일까요?

자신이 바라고 꿈꾸는 것을 줄 수 있는 사람과 사랑하겠다는 것은 어린아이 같은 마음입니다. 이것만 없으면 얼마든지 사랑할 수 있고 다른 모든 것을 극복할 수 있다고 생각하는 것도 사랑하기를 원한다고 말할 수 없습니다. 그것은 극복이 아니라 이미 정해 놓은 기준에서만 사랑하겠다는 것이니까요.

사랑은 남편에 대한 환상이 끝나는 지점에서 비로소 시작될 수 있습니다. 환상의 빛이 바랜 그 척박한 폐허 속에서 관계는 시작됩니다. 더이상 온갖 지식이 만들어 놓은 달콤한 환상과 영화 속 아름다운 실루엣을 꿈꿀 수 없는 곳에서, 그 사막 같은 마른 땅에서 선명한 정신으로 우리는 선택할 수 있습니다. 프로이트는 진정한 회복은 사랑할 수 있는 역량의 회복이라고 말했습니다.

사랑은 내가 주체적 의지를 가지고 사랑할 수 없는 사람을 억지로 사랑해 내는 것이 아닙니다. 사랑의 능동성은 '수동적 능동성'입니다. 받아들임이지요. 상대의 특징, 결함, 도무지 적응할 수 없는 여러 기질에 온갖 의미를 부여해서 다시 마취제를 투여하듯 사랑에 빠지려는 의지가 아닙니다. 나에게 닥쳐 오는 파도를, 상처를 맞아들이겠다는 수동적 능동성입니다.

▶ 내 안의 어린아이에게 물어보다

여성들의 심연을 탐사하다 보면 반드시 만나는 소녀가 있습니다. 어느 지점에 단단히 고정되어 골을 내거나 슬픔 속에서 비극만을 즐기려 하는 소녀입니다. 소녀는 자신이 겪은 역사 안에서 유의미한 기억을 중심으로 강력한 환상을 구축합니다. 가령 부모가 난투극을 벌이듯 싸우는 현장에서 아이는 두 귀를 막고 조그만 방에서 상상에 빠져들고는 합니다. 그 상상 속에는 슬프고 가엾은 소녀가 있고, 언젠가 그 소녀를 구해줄 멋진 어른이나 가장 완전한 기사가 나타날 수도 있습니다. 소녀는 그를 기다리는 상상만으로 이 난투극 같은 현실을 차단하고 자신의 불행이 거뜬히 견딜 만한 시련으로 느껴집니다.

소녀는 성인이 되어서도 주변과 관계로부터 언제나 고립을 자처합니다. 그 고립이 스스로 만들어 내는 환상에서 기인한 줄도 모른 채, 고립을 고통스러워하고 벗어나려 발버둥 치는 역설에 빠지는 것이지요. 스스로 소외를 자처하며 비극을 즐기고 있다는 사실은 전혀 의식할 수 없습니다. 이 즐김은 무의식의 차원에서 일어나는 것이니까요. 무의식은 언제나 표면 위로 의식을 속일 준비를 하고 있습니다.

또 한 명의 소녀는 지독히 바쁘고 따스함이라고는 찾아 볼 수 없이 자신의 일만 하는 차가운 엄마로부터 줄곧 소외되었지만 착하고 반듯하게만 생활해 왔습니다. 바쁜 엄마를 방해하지 않아야 엄마로부터 사랑을 받을 수 있다고 생각한 소녀의 무의식적인 사투는 부모에게 어떤 요구도 하지 않도록 스스로를 억압했습니다. 그 억압은 소녀의 마음에 단단한 분노를 쌓아 갔습니다.

　　　　　　　　　　　　　남편을 버려야 내가 산다

성장해서도 부모가 원하는 결혼을 하고 딸을 낳아 자신처럼 착하게 키웠지만 부모에게 차마 하지 못한 요구는 남편에게로 옮겨 붙어 사사 건건 남편의 행동과 말투, 생활 습관에 이르기까지 꼬투리를 잡아 경멸 하고 고치기를 요구하다 관계의 파국을 맞았습니다.

고집스럽게 버티고 있는 소녀를 어떻게 만나야 하느냐고 물어 오는 분들이 있습니다. 소녀는 우리의 깊숙한 곳에 있지만 표면 위에 드러나 기도 합니다. 나의 언어와 반복되는 패턴에서 선명히 자신의 존재를 드 러내고 있습니다. 관계의 갈등과 나의 고통, 신체 증상을 통해 선명한 신호를 보내고 있습니다.

소녀가 보내 오는 신호를 진정으로 듣고자 한다면, 지금껏 나를 밀쳐 냈던 어른의 목소리가 그랬던 것처럼 그 아이를 밀어 내고 나무라지 않 아야 합니다. 그래야 소녀는 자신의 정체를 드러낼 것입니다.

불만족의
늪에서

"충동에는 옳고 그름, 좋고 나쁨이 없다.
그 충동이 어디서 비롯되며 어떻게 왔는지 이해하는 일이 그래서 중요하다."

"주체는 무언가를 걱정하면서 그 자신의 소망을 출현시킨다."
- 라캉 -

간혹 영화나 드라마에서도 나오는 장면이지만, 실제로 여성들은 자신이 아이를 높은 곳에서 떨어뜨리지 않을까 불안해하거나 던지고 싶다는 충동에 휩싸이기도 합니다. 혹은 아이에게 끔찍한 일이 일어날지도 모른다는 상상에 사로잡혀 괴로워합니다. 내가 아이를 해할지도 모른다는 두려움과 충동에 휩싸입니다. 그러고는 심한 죄책감에 시달립니다. 정서적으로 아이를 해하고 싶은 나쁜 엄마이어서가 아닙니다. 그것은 불만족에서 기인하는 것이지요.

남편을 버려야 내가 산다

좀 더 풀어서 이야기해 보면, 여성의 몸과 정신이 핍진(乏盡)과 부재 상태일 때 벌어집니다. 다른 말로 이야기하면 억압된 신경증이 고조에 달한 상태일 때를 말합니다. 가장 강력한 자극으로서 상상을 불러내어 온몸을 긴장 상태로 만드는 무의식이 만족을 향해 충동질합니다. 그것을 단지 정서적 문제로 판단하고 스스로를 몰아세우는 일은 그 억압된 충동에 부채질을 하는 격이 됩니다.

공포와 혐오스러움, 두려움, 극도의 불안 등이 올라오는 일은 에너지 측면에서 감각적인 흥분을 일으키는 가학적 기제 중 하나입니다. 진짜 해치고 싶은 것이 아닙니다. 자신 안에서 극도의 흥분을 일으키는 충동이 가장 가깝고 소중한 사람이 위험에 처하는 상황을 연상하면서 강력한 자극(의식 차원에서 무시무시한 자극)에 스스로를 노출시킵니다. 아이들이 뜬금없이 자다가 '엄마, 아빠가 갑자기 죽으면 어쩌지? 혼자가 되면 어쩌지?' 등의 상상으로 밤잠을 이루지 못하는 것과 같습니다.

이러한 과정에서 일어나는 죄책감은 엄마가 아이를 해치는 상상을 하는 끔찍한 엄마이어서가 아니라, 아이를 상대로 한 연상으로 무의식적인 쾌락을 취했기 때문에 일어나는 것입니다. 이런 현상은 한 개인이, 특히 신경증적인 여성이 온통 억압된 에너지의 방출을 아이를 통해 시도한다는 것에서 스스로에게 폭력적인 일이 되겠지요. 아이를 끌어들여 에너지를 소비하면서 나의 핍진한 만족의 부재와 폐허 상태를 흥분과 자극, 공포와 불안 등으로 메우는 행위에 다름 아니니까요.

▶ 만족하지 못해서 생기는 고통

만족이 억압되어 있다 보니, 그 만족은 실질적인 것일 수도, 무의식적인 것일 수도 있습니다. 대개 무의식적 억압이 높을수록 그렇습니다.

이런 고통을 겪는 분께 철학 책을 한번 읽어 보시라고 권할 때가 있습니다. 어떤 분은 책을 읽으려고 했을 때 마음 안에서 아주 강력한 저항이 일어나는 것을 느꼈다고 합니다. 아이들의 앞날을 위해 좋은 교육을 받게 하고 반듯하게 키워야 하는 엄마의 의무가 있기에 교육 정보를 탐색하는 일이 우선순위라는 것이었습니다. 일견 당연해 보이지요. 아이들 육아와 교육 문제에 신경 쓰는 일은 엄마가 갖추어야 할 덕목으로까지 보이기도 하니까요. 하지만 이것은 알리바이에 불과합니다. 그녀 스스로도 그것을 자각하기 시작했으니까요.

그녀는 무언가 다른 쪽으로 집중을 옮기려고 했을 때 강력하게 그것을 밀어내는 힘을 느끼면서 다른 것은 하고 싶지 않다는 느낌에 사로잡힌다는 사실을 자각했습니다. 교육의 목적은 알리바이이고 아이들에 대한 불안으로 육아서 탐독과 아이들에 대한 온갖 나쁜 상상과 근심 걱정을 즐기고 있는 것일까를 의심하기 시작했습니다. 사실은 아이들을 대상으로 모든 에너지와 감각적인 흥분과 자극을 유지하고 싶었던, 말하자면 불안을 이용해 자신의 불만족과 소진된 결핍(구멍)의 상태를 마주하지 않으려는 것이지요. 이 상태는 끊임없는 악순환을 불러옵니다.

남편을 버려야 내가 산다

다른 한 여성은 아이에 대한 불안, 걱정을 넘어 남편과의 냉전과 화해를 반복하기를 멈추지 않습니다. 그 반복의 가운데서는 남편과 결국 이혼하게 되지 않을까, 이혼하면 나는 어떻게 되며 아이는 어떻게 키울까를 상상하고 불안해했습니다. 상상만으로도 끔찍하고 고통스러웠지요. 남편과 밀고 당기기를 반복하던 중, 남편에게서 이혼하자는 이야기를 들었습니다. 아내가 상상하고 불안해하던 일이 남편의 입을 통해 현실로 일어난 것이지요. 그 여성은 머릿속이 하얘지고 정신이 아득해지면서 어쩔 줄 몰라 했습니다. 그런데 한편에서는 후련한 마음도 함께 올라왔다고 합니다. 더 이상 불안해하지 않아도 되니까요. 그녀의 불안이 현실을 만들어 낸 셈이었지요.

엄청난 자극을 향해 긴장도를 높여 가고 그 긴장을 이기지 못한 남편이 '이혼'이라는 폭탄 선언으로 팽팽했던 긴장에 한순간 바람을 빼 버렸습니다. 두 사람은 결국 극적인 화해를 이루었는데, 이때 느꼈던 긴장과 해소의 감각적인 고통과 쾌감의 상태를 잘못 학습한다면 이것 또한 반복이 일어날 확률이 높겠지요.

▶ 불만족에서 꺼내 줄 충동이라는 열쇠

우리는 평안을 바라지만 우리의 정신적 에너지와 몸은 결코 평안하도록 허락하지 않습니다. 우리는 정신적 에너지가 흐르는 경로, 그러니까 어떤 방식으로 물길이 트이고 그 물길 사이로 어떻게 에너지가 오가는지, 어느 지점에서 분출되거나 발화되는지 알아야 합니다. 한쪽 물길을 틀어막으면 그 물길은 반드시 또 다른 곳으로 터져 나올 테니까요. 왜곡되지 않은 방식으로 자신만의 다른 물길을 만들 수 있어야 합니다.

상상 안에서는 어떤 일이든 일어날 수 있습니다. 우리는 대부분 행위를 놓고 그것의 옳고 그름을 판단하거나 판단받는 것에 대한 두려움이 있지요. 행위의 결과에 따라 타인에게 고통을 주거나 그 행위가 타인을 착취하는 것이라면 그것은 분명 옳지 않습니다. 하지만 행위 이전에 일어나는 생각과 상상, 환상을 놓고 스스로 판단하고 단죄하는 것은 또 다른 지옥을 만드는 일입니다. 행위 이면에 충동이 분명히 존재하지만 어떤 행위되지 않은 충동의 영역까지 옳지 않음, 즉 나쁜 것이라 여기고, 그런 자신의 근본을 부정하거나 단죄받을 것이라고 몰아가는 일은 끝없는 지옥을 이어 나가는 것과 같습니다.

충동에는 옳고 그름, 좋고 나쁨이 없기 때문이지요. 그 충동이 어디서 비롯되며 어떻게 왔는지 이해하는 일이 그래서 중요합니다. 그 충동의 기원을 이해하기 위해 자신에게 근본적인 질문을 던지고 의문을 가지는 행위 자체가 스스로에 대한 가장 윤리적인 태도입니다. 어떤 해답을 얻는 것보다 그 의문과 탐색의 태도를 잃지 않는 것이 자신을 가장 존중하는 태도이기 때문입니다.

남편을 버려야 내가 산다

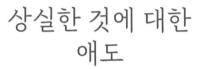

상실한 것에 대한
애도

"원인을 안다고 내 삶의 현상이나 증상들의 변화에 직접적인 영향을 주지는 않는다.
그저 상실한 것에 대한 애도에 해당할 뿐이다."

25년 가까이 남편과 불화를 겪으며 고통 속에서 허덕인 여성이 있었습니다. 그녀는 아들이 청년이 되어 남편과 대적하게 되었을 때, 갑자기 남편을 용서하게 되었다고 합니다. 독실한 기독교인이었던 그녀는 기도 중에 불현듯 남편의 존재가 가엾게 느껴졌고 하나님의 소중한 자녀로 남편을 긍휼히 여겨야겠다는 깨달음이 일어났습니다.

그녀가 전격적으로 남편을 수용하는 마음이 일어나면서 두 사람의 사이는 급속도로 호전이 되었는데, 문제는 아들과 남편의 관계였습니다. 아들이 자라면서 엄마를 괴롭혀 왔다고 느낀 아버지에 대한 억눌린 분노가 조금씩 삐져 나오기 시작한 것입니다. 아들은 아버지와 한 공간에 있기도 싫어했으며 아버지에 대한 분노가 걷잡을 수 없이 커져 갔습니다. 이로 인해 그녀는 매일이 또 다른 전쟁의 연속이 되고 말았습니다.

그녀는 25년을 남편 때문에 고통받았지만 그래도 아들이 너무한다는 생각도 들었습니다. 선을 넘는 무례한 행동에 아들을 나무라기도 했습니다. 엄마가 상처로 얼룩졌다고 느꼈던 아들은 그녀의 그런 만류에 더 분노를 표했습니다. 지금까지 그 고통을 참아 왔으면서 이제 와서 아버지 역성을 드는 듯 그녀를 경멸의 눈으로 바라보기도 했습니다.

그녀는 정말 남편을 용서한 것이었을까요? 그녀는 왜 그토록 남편을 미워하며 25년을 헤매고 살아야 했을까요?

▶ 괜찮은 줄 알았던 무의식의 오해

그녀에게는 늙고 병약하고 혼자 된 친정어머니가 계셨습니다. 친정어머니는 어린 시절부터 자신만 바라보고 살아왔던 그녀를 일찍 취업시켰습니다. 그리고 일생 그녀의 등에 업혀 생을 유지했습니다. 그녀는 결혼 후에도 친정 일에 전적으로 매여 있었고 스무 살 때부터 직장 생활에서 얻은 절반 이상의 소득은 늘 친정어머니의 생활을 지원하는 일에 썼습니다.

친정어머니는 큰딸인 그녀에게서 받은 돈을 다시 아들에게 지원하기도 했습니다. 그녀가 어렵다고 하면, 친정어머니는 불같이 화를 내며 고생한 엄마를 그냥 둘 것이냐고 악을 쓰기도 했습니다. 그녀는 그런 엄마가 싫고 화도 나서 그 굴레에서 벗어나기를 시도하면서도 어쩔 수 없는 자신의 엄마니까 같은 자리로 돌아가고는 했습니다.

그렇게 사는 동안 남편과의 갈등도 끊이지 않았습니다. 실제로 남편은 술 문제로 그녀를 힘들게 하기도 했지만 남편 또한 일생 성실하게 직장생활을 해 왔고 가정을 지키기 위한 노력도 했습니다. 그럼에도 그녀는 몸서리치게 남편이 싫고 미웠습니다. 친정어머니에게 가야 할 당연한 분노가 실제 남편에게 가야 할 분노에 덧붙여져 남편을 향한 미움은 25년을 그녀를 고통 속으로 몰아넣었습니다. 친정어머니로부터 과도한 착취로 희생되면서도 그 권력 관계에서 헤어나지 못하고 사로잡혀 온 정신을 직장생활을 유지하는 데 할애했습니다. 돈을 벌어야 또 친정어머니를 부양하니까요. 남편과 아이에 대한 무심함과 성가심은 줄곧 그녀의 삶을 더 무겁고 힘겹게 만들었습니다.

처음 상담실을 찾았을 때, 그녀의 모습은 한발 뒤로 뺀 방관자의 모습이었습니다. 아들과 남편으로 인해 생기는 고통을 어떻게 하면 해결할지 물었습니다. 자신은 이제 다 괜찮은데 아들과 남편의 문제가 너무 심각해 그것을 또 견디기가 너무 어렵다는 것이지요. 그들의 관계를 개선할 방책을 얻어 괴로운 상태에서 벗어나고 싶어 했습니다.

그녀는 누구보다 큰 희생을 감수하고 살아온 것임에 틀림없지만 그녀에게 선뜻 공감을 나타내기는 어려웠습니다. 친정어머니로부터 받은 엄청난 착취에 희생되면서 스스로를 나약한 존재라고 의심치 않고 있었습니다. 실제 친정어머니와의 관계에서는 약자임에 틀림없었으니까요. 그 약한 자신의 모습에 매몰되어 남편과 아들에게 어떤 무의식적인 욕망과 분노가 투사되고 있는지는 의심조차 하지 못했습니다. 친정어머니로부터 자신을 지켜 내기 위한 노력 또한 시도조차 하지 않았던 것이 가장 무책임한 일일 수 있겠습니다. 그리고 그 약함에 속아 오직 어머니만을 붙들고 아들과 남편에게는 무관심과 냉랭함으로 그들을 끊임없이 밀어내고 있었습니다.

그녀는 실제적인 엄청난 고통을 견디고 감수하면서도 스스로의 삶에 대한 책임을 필사적으로 회피하는 데 따른 대가가 기다리고 있다는 것을 몰랐습니다. 무엇보다 놀라운 것은 그녀가 남편을 용서하고 주님의 사랑 안에 들었다고 생각했던 것이 그간 자신의 남편을 향한 분노와 감정의 덩어리를 아들에게 통째로 넘기는 시점이었다는 것입니다. 그녀의 말대로 남편은 오래전 그때도 지금도 주님의 소중한 피조물이었을 텐데 왜 갑자기 주님이 출현하고 '주님의 소중한 존재'이기에 이제 자신이 용서해야겠다는 마음이 일어난 것일까요. 그럴듯해 보이는 무의식의 속임수이지요. 무의식의 차원에서 이제껏 무겁게 지고 있던 자신의 분노를 아들에게 넘겨주고 있다는 것을 의식에게 들켜서는 안 되는 일이었습니다.

남편을 버려야 내가 산다

그녀는 남편을 용서한 것이 아니라 용서라는 알리바이로 자신의 눈을 가리고, 은밀하게는 지금껏 지고 왔던 무거운 짐을 아들에게 넘기고 마음이 가벼워졌습니다. 그렇게 가볍게 지내고 싶은데 아들이 가볍게 받지 않고 과거의 증상을 통해 그녀에게 항의하고 있었던 것이지요.

전적으로 약한 자도 전적으로 강한 자도 없습니다. 우리가 무의식의 존재를 부정하지 않는다면 전적인 피해자도, 가해자도 타고난 선함도, 악함도 없는 이유입니다.

우리는 무수한 짐을 견디고 감내하면서도 정작 중요한 것을 회피하고 도망가기가 쉽습니다. 나를 만나고 접촉하고 나 자신을 견디는 일보다는 그것이 조금은 더 수월하기 때문입니다. 물론 무의식의 욕망이 우리를 단단히 붙들고 있기 때문이기도 하지요.

그렇다고 지금까지 그녀가 감내한 희생이 무의미한 것은 아닙니다. 다만 자신이 무엇을 했는지 충분히 깨닫고 받아들이는 용기가 필요합니다. 그리고 차분히 지금의 자신과 가족을 위해 무엇을 감수하고 함께 견디어야 할지 생각해야겠지요. 아들의 분노를 제거해야 할 증상으로만 느끼고 회피하는 것이 아니라, 함께 겪고 충분히 견디어 나가는 시간이 필요합니다. 그래야 아들도 인지하고 그것으로부터 떨어져 나오고자 하는 태도를 갖게 될 테니까요.

▶ 상실한 대상으로의 회귀

"억압된 것은 반드시 돌아온다."
- 프로이트 -

진우 씨는 어린 시절 어머니가 잦은 병으로 병원에서 살다시피 해서 할머니와 아버지 손에서 자랐습니다. 대학을 무난하게 졸업하고, 사회에 나와서는 사업체를 유능하게 운영했고 사내 직원들 사이에서도 사회적인 어른의 역할을 잘 수행하며 지내 왔습니다. 그러던 중 진우 씨가 50세가 되던 해에 사업이 위기를 만나면서 갑작스러운 공황발작이 생겼습니다. 이대로 죽을 수도 있겠다는 생각에 상담실을 찾아왔습니다.

처음 상담실을 찾았을 때, 진우 씨는 아버지에 대한 연민과 사랑이 대단히 컸습니다. 실제 접촉이 별로 없었던 어머니에 대한 기억이나 감정은 거의 없는 상태였지요. 할머니가 대학 입학 즈음 돌아가시면서 진우 씨는 홀아버지를 모시고 생활했고, 결혼을 해서도 아버지와 함께 살아가고 있었습니다.

진우 씨는 40대 후반부터 모든 면에서 삐걱거리기 시작했습니다. 아내와 사랑해서 결혼했는데 시간이 갈수록 소통이 잘되지 않는 느낌이 들었습니다. 그로 인해 고립감이 커지는 시간들이 늘어났는데 어느 날 갑자기 공황발작까지 생겨 겁이 났습니다.

이후 2년 반을 분석 작업에 매진하면서 스스로에 대한 많은 진실들이 드러냈습니다. 결론적으로 말하면, 진우 씨는 자신 안에서 삭제된 어머니라는 유령이 어느 날 문득 증상이라는 현상으로 출현했다는 것을 깨닫고 충격과 놀라움에 휩싸였습니다. 그가 상담실을 찾은 때가 50세 가을이었고, 어머니가 현실의 삶으로부터 완전히 철수해 치매 판정을 받고 요양병원으로 들어가던 때도 50세 가을이었습니다. 까맣게 잊어버리고 조금도 중요하게 여기지 않았던 사건들이 소환되었습니다. 그것은 사소한 이야기 중에 발현되었습니다. 그 사건의 연계성을 이야기하면서 그는 "머리로는 정말 말도 안 되는 소리라고 말하는데 가슴은 믿어진다는 사실이 놀랍다"라는 말을 하기도 했습니다.

아버지와 할머니에 의해 어머니를 무책임하고 나쁜 사람이라고만 여기며 어머니에 대한 모든 기억을 은폐하고 밀어 버리고 살다가, 왜 갑자기 이 시점에서 어머니라는 유령이 출현한 것이었을까요? 그가 생의 한복판에서 증상이라는 출현을 겪으며 삶이 중지한 것은 아버지의 암묵적인 명령 때문이었습니다. 그 명령은 엄마를 제거하라는 할머니의 명령이기도 합니다. 아버지와 할머니에게 복종하며 지탱해 왔던 만족의 끈이 더 이상 그에게 삶을 추동하게 하는 의미와 쾌락을 제공하지 못했기 때문입니다.

어머니를 평생 나쁜 사람으로만 인식했던 과정은 아들인 자신의 상실감으로 이어졌습니다. 어머니를 상실한 것에 대한 애도가 대타자인 아버지의 명령으로도 완전히 결코 지울 수 없었고 그렇게 깊은 곳에 숨어 있었습니다. 이러한 증상을 시작한 때가 어머니가 병원으로 스스로의 존재를 접어 버린 시점과 일치하고 있었습니다. 이러한 일치를 알아차린다는 것은 놀라운 일이지요.

나쁜 사람이라고 여겼던 어머니가 사실은 아버지와 할머니로부터 강압적인 환경에서 정신적인 학대를 견디지 못한 나약한 사람이었다는 새로운 이해도 일어났습니다. 자신이 사랑하는 아내도 아버지의 며느릿감, 아버지와 함께 살아 줄 여성을 골랐다는 것을 알게 되었습니다.

표면 아래의 진실을 알게 되었다고 해서 크게 달라지는 것은 없습니다. 자신이 사랑했던 아내가 내 아내가 아니라 아버지의 며느리일 뿐이었다는 사실을 알아차린다고, 갑자기 아내에 대한 사랑이 없어지거나 달라지지는 않습니다. 오히려 아내를 다른 시선으로 보게 되면서 이제껏 얼마나 자신의 환상으로 아내를 만들고 투사했는지를 알아차리고 미안한 마음까지 들겠지요. 자신이 생각했던 것과 완전히 다른 사람이었다는 새로운 경험을 하게 되는 것이지요.

삶에서 배제되고 커다란 구멍으로 존재했던 어머니는 적어도 어린 진우 씨에게는 그저 엄마일 뿐이었고 그립고 애착하고 싶은 전부였던 것 같습니다. 가족들의 폭력적인 언어와 태도에 자신의 의지와 무관하게 상실되고 억압되었던 어머니의 위치가 진우 씨의 삶 전체를 흔들며 출현했고 진우 씨는 그 신호를 잘 따라온 것 같습니다.

원인을 안다는 것이 내 삶의 현상이나 증상의 변화에 직접적인 영향을 주지는 않습니다. 그저 상실한 것에 대한 애도에 해당할 뿐입니다. 어떻게 애도하느냐에 따라 우리는 이제껏 해 보지 않았던 선택을 하고, 가 보지 않았던 길로 들어설 수 있는 문을 만날 테니까요.

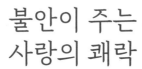

불안이 주는
사랑의 쾌락

"불안은 자신의 무의식적인 즐김이 제대로 유지되지 않을 것 같을 때
과도하게 발동된다."

앞에서 엄마라면 아이를 다치게 하거나 던지고 싶다는 충동에 휩싸이기도 한다고 언급했습니다. 더불어 내가 아이를 어떻게 가해하게 될지도 모른다는 충동에 두려워하기도 한다고 했습니다. 그것은 정서적으로 나쁜 엄마라서가 아닙니다. 충동의 억압과 불만족에서 기인하는 것이지요.

불안이라는 상태에 속지 않기를 바랍니다. 여성들이 겪는 무수한 불안이 현실인 듯 보이지만, 그렇지 않은 경우가 더 많습니다. 분석가로서 저는 불안을 마주하는 자세에 대해 이렇게 말씀드리고 싶습니다.

남편을 버려야 내가 산다

"불안은 무의식이 쏘아 올리는 충동이 일어나고 있다는 신호입니다. 그 신호를 따라 깊은 무의식으로 들어가지 않는다면 일생을 온갖 현실적인 알리바이에 속아 고통과 그 고통을 해결하려는 솔루션만을 찾아 헤매다가 생의 끝을 맞이할 수도 있습니다."

▶ 불안인지, 불만인지 의심할 것

무의식에 관심을 가지는 일은 표면 위로 올라오는 지극히 당연해 보이는 이유를 한 번쯤 의심해 보는 일입니다. 만약 고통과 갈등이 반복해서 일어나고 있다면 그것은 분명한 무의식이 보내는 신호입니다. 현실적인 장애물을 제거하기 위한 노력이 아니라 그 신호를 따라가기 위한 노력이 필요합니다. 모든 것을 뒤집어서 생각해야 합니다.

끔찍이 싫지만 어떤 것을, 어떤 관계를, 어떤 상태를 반복하고 있다면 '내 무의식은 어떤 것을 즐기고 있구나'라는 의구심을 가질 수 있어야 무의식으로 들어가는 좁은 통로로 들어설 수 있습니다. 무의식을 즐기는 일은 의식의 층위에서는 고통이나 혐오, 징그러움, 불안 등으로 전치되어 드러납니다.

이러한 무의식은 대상을 바꾸기도 합니다. 예를 들어 종종 남편과의 관계에서 더 이상 기대할 것이 없고 갈등하고 싸워 봐야 얻을 것이 없다는 내적인 포기가 일어나면, 자녀들에게 집중하는 현상은 더 극렬해집니다. 겉으로는 남편을 포기해서 모든 것을 내려놓은 듯하지만 대상만 바뀌었을 뿐입니다.

▶ 아슬아슬한 부부 게임

남편의 술 문제로 고통받는 여성들이 많습니다. 직장생활을 이유로 매일 술을 마시는 남성들이 많지요. 술 문제로 실랑이하는 부부의 갈등을 일반화할 수는 없지만, 고통받는 여성들에게서 발견되는 공통적인 면이 있습니다. 보통 육아나 집안일을 도맡아 하다시피 하는 경우도 많고 자신을 우선시하기보다는 남편에게 맞추고 양보하며 가정을 유지하기 위한 노력을 기울이는 경우가 많습니다.

가정은 어느 한쪽이 더 많은 것을 포기할 수밖에 없기도 하지만, 보통 여성들이 스스로 그렇게 되면서 자신을 약자라고 느낍니다. 자신이 취할 수 있거나 요구할 수 있는 권리마저도 포기하고 남편이나 아이들을 보살핍니다. 그러한 포기가 순수한 포기가 아니기에 갈등이 끊임없습니다.

직장을 다니거나 전문직을 가진 여성 중에도 많은 분들이 비슷한 고통을 호소합니다. 이때 여성은 자신이 포기하고 있는 것에 방점을 두기

남편을 버려야 내가 산다

때문에 나머지는 남편이 알아서 해 주어야 한다고 느낍니다. 가령 일찍 퇴근해서 집안일을 돕거나 좀 더 다정한 사람이 되어 주거나 주말에는 가족이 함께 나들이를 가기 위한 노력 등을 하기를 끊임없이 바랍니다.

하지만 정확한 요구를 하지는 않습니다. 알아서 그들이 좀 더 살가워지고 내가 포기한 것을 알아서 채워 주기를 바랍니다. 나의 모든 권력을 스스로 포기하고, 내가 행복해지거나 만족스러운 상태가 될 수 있는 권한도 그들에게 모두 위임합니다. 그래서 남편 눈치를 보는 일도 생기지만 사실 눈치라기보다는 자신이 깔아 놓은 판에 남편이 제대로 퍼즐을 끼워 주지 않을까 봐 전전긍긍하는 상태입니다.

남편은 아내가 알아서 포기한 권력을 깊은 배려와 사랑으로 채워 주려고 노력하기보다는 그것을 당연하게 여기고 오히려 더 자신들의 사회생활이나 취미생활에 몰두합니다. 계속 배제되는 아내의 불행감과 불만족은 남편을 향한 잔소리로 이어지고 남편은 남편대로 매일 술을 마시면서도 눈치를 보게 되지요. 물론 아내를 염려하거나 의식해서라기보다는 잔소리라는 통제를 아슬아슬하게 넘어가는 줄타기 같은 것입니다.

잔소리가 금지가 되면, 그냥 무심하게 내버려 두면 그러다 말 수도 있는 술자리가 어느 순간 비교할 수 없는 삶의 낙이 되어 버립니다. 아내의 잔소리와 불평이 남편의 술을 더 달게 만든다는 말이지요.

▶ 좋은 엄마, 아내라는 환상

중요한 것은 여성이 남편의 술로 인해 고통받는 실제적인 감각은 분명한 사실이지만, 남편을 쫓는 시선과 쪼는 말이 남성을 그 게임에서 더 요리조리 빠져나가도록 부채질한다는 점입니다. 그 과정에서 여성도 그 불쾌한 게임을 무의식적으로는 즐기게 되는 것이지요. 상식적인 즐김이 아니라 무의식적인 즐김에 엮입니다. 유쾌한 방식이 아닌 납득하기 어려운 혐오스럽고 끔찍한 방식으로 타자를 즐기고 있는 것이지요.

이때 여성의 즐김은 자신에 대한 만족의 책임을 집요하리만치 남성에게 전가하는 데 있습니다. 단순히 남성이 자신을 만족시켜 주기를 암묵적으로 요구하고 기다리는 차원이 아니라 말하지 않는 요구를 들어주지 않는 남편의 뒤를 쫓는 시선과 말 자체가 여성의 즐김의 상태가 됩니다. 이미 포기한 자신의 권력과 권리, 요구가 그 즐김의 타당한 근거가 되지요. 그런 포기를 알아차리고 함께 합을 맞추어 주는 남편이 있다면 다행한 일이지만 인간, 특히 남성은 스스로를 만족시키는 쾌락에 좀 더 능숙하고 그것을 포기하려 하지 않습니다. 그 이기적임이 특정한 누구이기 때문이거나 특별히 인격적인 결함에서 오는 것이 아니라 인간이 그렇습니다. 이 과정에서 여성들은 다시 한 번 많은 불안을 느낍니다.

불안은 자신의 무의식적인 즐김이 제대로 유지되지 않을 것 같을 때 과도하게 발동됩니다. 혹은 그 유쾌하지 않은 끔찍한 즐김이 과도하게 엄습해 올 때도 불안을 느낍니다. 불안을 현실적으로 해결해야 할 어떤 문제에 대한 것이라고 오인하기 쉬운 이유는 늘 현실적이고 표면적인 알리바이가 당위적이고 합리적이기 때문입니다.

그녀들이 그런 지독함을 즐기는 이유는 구조적으로는 히스테리 현상 중 하나이고 그녀들에게는 '좋은 엄마' 혹은 '좋은 사람', '단정한 사람', '겸손한 사람' 등에 대한 자신들만의 무의식적 환상과 이상적인 상이 존재하기 때문입니다. 직접적인 자기 만족을 추구하는 일은 그런 이미지를 배반하는 것입니다. 또한 많은 여성들은 직접적인 만족 추구나 쾌락을 얻는 일에 무의식적인 죄책감을 가지기도 합니다. 기억해야 할 것은 무의식의 세계는 결코 상식과 논리적인 이유에 지배당하지 않고 언제든 의식과 감각을 속일 준비가 되어 있다는 것입니다.

불안은 자신이 고집하고 있는 이상적인 상이나 관념을 위반하는 쾌락이 근접할 때, 즉 게임으로 신랄하게 들어가기 전에 즐김이 시작되려고 할 때나 그 즐김이 과잉으로 초과될 때 일어납니다.

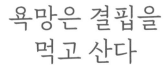

욕망은 결핍을
먹고 산다

"욕망은 잉여의 영역이다.
결코 충족될 수 없는 잔여물을 말한다."

친한 후배가 한창 투덜거리는 고민거리가 있었습니다.

"선배, 나는 그 사람을 만나면서 특별히 바라는 건 없어요. 그냥 소소
하게 얘기 나누고 종종 산보도 하고 그럼 좋잖아요. 근데 그걸 안 해요.
뭐 대단한 걸 하자는 것도 아닌데 저녁 시간 짬을 내서 산보 한번 하는
것이 하늘의 별 따기예요. 근데 내가 여태껏 만났던 남자들은 처음에는
안 그래 보여서 좋아했는데 다 비슷해요. 왜 그렇게 투박하고 무뚝뚝한
사람들만 만나는지… 나한테 무슨 문제가 있는 건지…."

그 소소한 행복이 후배에게는 불가능한 영역처럼 느껴집니다. 단지 남자 친구와 손잡고 산책을 원하는 것뿐인데 그것이 이루어지지 않아 애가 타고 슬프기만 합니다. 참 이상한 일이지요. 길거리를 지나다 보면 연인이 손잡고 산책하고 소소한 이야기를 나누며 걷는 모습을 쉽게 발견하는데 말이지요. 공원이나 경치가 좋은 곳 어디에서나 연인들이 빼곡히 길을 걷는데, 왜 후배에게는 그 자리가 허락되지 않는 걸까요? 정말 후배에게 무슨 문제가 있어서, 집안에서 꼼짝없이 누워 있거나 아무것도 하고 싶어 하지 않는 남자들만 만나는 것일까요?

▶ 나는 무엇을 욕망하는가

우리가 정말로 원하는 무엇이 있는데 결코 그것을 가질 수 없다면, 그로 인한 좌절과 실망 앞에서 반드시 해야 하는 질문이 있습니다.

'내가 정말로 원하는 것이 맞는가?'

분명 손잡고 소소한 산책을 즐길 수 있는 남자는 많이 있습니다. 문제는 그녀가 실제로 그런 사람에게 매료되지 않는 데 있습니다. 조곤조곤 이야기하고 틈틈이 산책할 수 있는 다정한 남자를 못 만나는 것이 아니라 그런 남자가 와도 정작 그에게는 매력을 느끼지 못하기 때문입니다. 정말 후배가 욕망하는 것이 소소한 일상을 나누는 즐거움이었다면 그런 사람을 선택했을 것입니다.

욕망은 갖기 위해 고군분투하는 노력 자체, 결핍을 메우기 위한 내달림 자체에 있습니다. 간절히 원하지만 반복적으로 좌절이 일어나고, 좌절해도 또다시 같은 것을 원하고 있다면, 내가 진정으로 원하는 것은 그것이 아닐지도 모르겠습니다. 후배는 소소한 일상의 그림을 원하지만, 실제 그녀의 무의식적 욕망은 다른 곳에 있습니다.

후배는 항상 그것을 갖고 있지 않은 사람에게 그것을 달라고 요구하면서, 자신에게 주어지지 않는 현실, 즉 결핍을 탐닉하고 있습니다. 결핍이 채워지면 그 대상은 폐기됩니다. 그녀가 한 남자와 관계를 유지하는 방식은 늘 결핍을 고통스러워하면서 그에게 요구하는 것이지요. 만약, 남자 친구가 심경의 변화를 일으켜 후배가 원하는 사람이 된다면 행복해지기보다는 갑작스러운 공허에 놓이거나 길을 잃은 상태가 될 가능성이 더 높습니다.

라캉은 '사랑은 내가 갖지 않은 것을 상대에게 주는 것'이라고 말했습니다. 진정한 자기 포기가 포함됩니다. 남자 친구가 오직 여자 친구를 위해 자신이 갖고 있지 않은 따스함과 자상함을 발휘해 매일 저녁 산책을 한다면 그것이 사랑일 수도 있겠지요. 그러나 얄궂게도 그가 그녀를 사랑하는 방식은 그녀의 욕망을 채워 주지 않는 방식인 듯합니다. 원하는 것을 주지 않을 때 상대는 조르고 애달파하면서 자신만 쳐다볼 테니까요. 달아나지 않도록 쉽게 주지도 않습니다.

이렇게 서로가 가지고 있지 않은 것을 서로에게 원하며 서로를 끊임없이 욕망하고, 또 그 욕망이 적절한 톱니를 맞추지 못할 때 극심한 갈등과 비극으로 치닫게 됩니다. 우리가 원하는 그 어떤 것, 하지만 서로가 가지고 있지 않아서 줄 수 없는 그 어떤 것을 라캉은 '아갈마(agalma)'라고 불렀습니다.

▶ 욕망은 잉여의 영역

욕망은 결핍된 것을 원하며 그 결핍에 매달리는 '찾는 행위 자체', '반복된 요구 자체'입니다. 조금 다른 예를 들어 볼까요? 한 여성이 정말 갖고 싶은 샤넬 백 A를 가지기 위해 적금도 붓고 월급도 아껴가며 그 A를 향해 달려간다고 해 보지요. 그렇게 아끼고 모아서 샤넬 백 A를 가지면, 욕망의 대상을 가진 그녀는 충만해지고 행복해져야겠지요. 그런데 그 여성이 샤넬 백 A를 가져서 얻은 즐거움도 잠시, 또 다른 신상 샤넬 백 B로 눈이 옮겨 갑니다. 그런 식의 반복으로 컬렉션이 이어지겠지요.

욕망은 샤넬 백 자체가 아니라 그 백을 갖기 위해 분투하고 노력하는 과정과 행위 자체입니다. 갖는 순간 A에서 생기는 균열, 결핍이라고 불리는 어떤 것을 채우기 위해 B로 시선을 옮겨 갑니다.

10평짜리 조그만 원룸에서 20평으로 옮겨 가면 너무 행복할 것 같은데 20평으로 옮겨 가면 넓어진 공간과 여유를 즐기기보다는 또 다른 30평대의 집으로 눈이 옮겨 갑니다. 자꾸만 더 모자라 보이고 결핍이 눈에 띄어 조금 더 넓은 집을 원하게 되는 것이지요.

욕망은 끝이 없는 반복의 행위입니다. 인간은 어쩌면 그 결여를 메우는 행위만을 반복하다 생을 마감하는 것 같습니다. 결여는 소유에 대한 욕망으로 이어집니다. 결코 온전히 채울 수 없는 소유의 지옥으로 말이지요.

라캉은 욕망에 대해 이런 공식을 말합니다.

"욕구에서 요구를 뺀 나머지 차이가 욕망이다."

욕망은 잉여의 영역입니다. 결코 충족될 수 없는 잔여를 말하지요.

인간에게는 생물학적인 욕구가 있습니다. 배가 고프면 음식을 필요로 하지요. 음식을 먹으면 배고픔이라는 욕구는 해소됩니다. 요구는 욕구를 채우기 위한 필요에서 비롯되는 언어영역입니다. 배고픔의 욕구가 일어나면 밥을 달라는 요구가 따라오지요. 그런데 밥을 먹고 배가 부른데도 우리는 무언가 허전함을 느낍니다. 그래서 커피도 마시고 과일도 먹지만 끝끝내 완전히 만족되지 않는 어떤 헛헛함이 남는 것을 경험합니다. 그래서 자꾸 무엇을 먹어야 할지를 고민하게 될 수 있는데요, 욕망은 이때 먹는 것을 찾는 행위 자체가 목적이 되는 것을 말합니다.

❭ 채울 수 없는 욕망의 개별성

우리가 대상에게 어떤 요구를 할 때 과거의 결핍에 의해서라거나 상처에 의해서 일어난다고 생각하고(많은 부분 그것이 원인이 될 수는 있습니다), 그 요구가 충족되면 만족하고 행복할 거라 생각합니다. 하지만 과거의 결핍과 상처를 지금 보상하거나 연인이 충분한 사랑을 준다고 해서 욕망이 충족되거나 만족에 이를 수는 없습니다. 욕망이 남았기 때문입니다. 욕망은 결핍을 채우기 위한 투쟁의 행위 자체가 목적이 되어 버린 상태입니다. 반복된 요구 행위 자체가 탐욕이 되는 것이지요.

저의 후배는 자신의 정서적인 결여를 일으키는 남자를 반복적으로 선택하며 같은 결핍을 채우기 위한 고군분투를 또 반복적으로 지속하고 있습니다. 남자 친구에게 자신의 소망을 요구하는 것 자체가 욕망이 된 것이지요. 그 욕망을 유지할 대상만을 선택하거나 또는 알지 못하는 사이 그 욕망을 작동하도록 대상을 부추기고 있는지도 모르겠습니다.

모든 관계는 어떠한 욕망의 구조가 작동됩니다. 연인과 부부, 부모와 자식의 관계가 가장 그것을 강력하게 발화하는 관계입니다. 한 개인이 자신의 내적 구조에 따라 욕망을 반복하는 방식과 모양은 제각각입니다. 그 방식이 파괴적이고 가학적이거나 피학적일 수도 있고 그것을 극복하고 새로운 자신을 발화하는 것에 욕망을 해방시키기도 합니다. 소모적이고 부정적인 방식의 욕망을 멈추고 각자가 자신을 살리는 방식의 욕망으로 다시 발화하는 것을 '승화'라고 볼 수 있습니다. 내 욕망을, 나의 증상을 승화하기 위한 첫발이 자기 분석의 시작이겠지요.

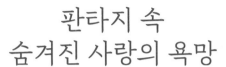

판타지 속
숨겨진 사랑의 욕망

"매번 같은 구조의 드라마와 영화를 보며 끊임없이 현재를 애도하고
현재를 잊으며 달콤한 쾌락을 다시 불러들인다."

드라마 〈미스터 션샤인〉은 방영 당시 많은 인기를 끌었습니다. 저와 작업하시는 분들 중에 그 드라마를 다시보기로 여러 차례 돌려보신다는 분들도 계셨습니다. 내담자들이 감정적으로 자극받거나 인상적으로 보았다는 드라마나 영화는 되도록 찾아 보려 노력합니다. 아주 꼼꼼히 보지는 못하지만 인상 깊은 장면들을 함께 느껴 보려고 애를 쓰는 편입니다.

〈미스터 션사인〉에서는 한 여성을 둘러싼 남성들의 열정적인 사랑이 다양하게 드러나 보입니다. 여성들의 판타지에는 아무 말 하지 않아도 나의 모든 것을 알아차리고 위기의 순간이나 결정적인 순간마다 마법처럼 나타나 자신을 구해 줄 남성, 즉 완전한 아버지상(像)에 대한 판본이 있습니다.

여자 주인공을 둘러싼 세 남자의 사랑의 방식은 한마디로 '완전한 보호'입니다. 그녀를 보호하기 위해서는 자신의 목숨 따위는 아깝지 않습니다. 또 하나 지극히 달라 보이는 세 남자의 공통점은 어머니에 대한 이슈가 있다는 점입니다. 여자 주인공은 강직하고 자신을 내어놓고 헌신하기를 주저하지 않는 고전적인 한국의 어머니상이기도 합니다. 이 모든 아름다운 사랑과 은유 뒤에는 우리의 근본적인 근친상간적 욕망이 있습니다. 많은 드라마가 여성들에게 사랑을 받는 이유는 그 이면의 구조가 여성적 판타지를 만족시키는 여러 장치로 구성되어 있기 때문입니다.

▶ 근사하게 꾸며진 성적 환상들

여성들만이 그럴까요? 인간의 근친상간적 욕망은 다양한 방식으로 그 모습을 드러냅니다. 드라마 속에서 남편에게 버림받고 억척스럽게 아이를 키우며 살아가는 여성에게 어느 날 연하의 잘생긴 남자가 나타납니다. 이 남자는 그녀의 아이를 자신의 동생처럼 혹은 아들처럼 돌보고, 친구처럼 허물없이 대하기도 하며 그녀의 마음을 사로잡습니다.

　　　　　　　　　　　　　　　　남편을 버려야 내가 산다

연하의 남자는 아버지, 그러니까 폭군 아버지를 제거하고 어머니를 구해 내고 싶은 아들의 근친상간적 욕망이 아름다운 은유로 변모하는 인물입니다. 소년에게는 그렇게 나쁜 아버지로부터 어머니를 보호하고 아버지의 자리를 차지하고 싶은 무의식적 욕망이 있습니다. 아버지의 자리를 탈환하고 아버지의 위치에서 어머니와 사랑을 이루고 다시 그녀의 아들에게 자신을 동일시해 그 아들을 돌보는 구원자가 되기도 합니다.

남성들은 법과 규칙, 질서를 중심으로 자신들을 배치시키고 그것에 복종하고 복종시키며 희열을 얻습니다. 〈그레이의 50가지 그림자〉라는 미국 영화가 있었지요. 그 영화의 남자 주인공은 자신의 상처와 나약함을 철저한 규칙과 통제를 가하는 방식으로 은폐하고 또 그 규칙과 질서로 대상을 통제하며 희열을 느끼는 남성적 욕망의 전형을 보여줍니다. 우리는 그것을 '강박증'이라고 부르기도 합니다.

전쟁 영화는 그 철저한 명령과 복종, 통제 아래서 행해지는 엄청난 폭력성과 가학성이 나름의 질서와 멈춤을 통해 남성들을 더 열광하게 만듭니다. 아버지, 남성적 법이 허용하는 그 처절하고 폭력이 난무하는 학살의 현장에서 뜨거운 인류애와 전우애가 더 빛을 발합니다.

한편, 남성들이 외도를 하면서도 결코 가정을 버리지 않는 이유도 혼외 관계에 있는 여성보다 아내를 사랑해서가 아니라, 규칙과 질서를 송

두리째 흔드는 것이 두렵기 때문입니다. 그들에게 가정이라는 질서는 사랑이나 감정과 무관하게 깨뜨릴 수 없는 하나의 절대적인 규칙일 뿐입니다. 가정을 깨지 않으려는 남성들의 완고함에 아내를 사랑해서라거나 혼외 관계의 연인을 덜 사랑해서라고 의미를 부여하는 것은 여성적 의미화일 뿐입니다.

일반화해서 이야기할 수는 없습니다만, 다수의 여성들이 혼외 관계에서 절정에 치달을 경우 이혼을 마다하지 않는 이유는 다음처럼 설명할 수 있겠습니다. 그것은 그녀들이 모성이 부족해서가 아니라 경계를 넘어서는 쾌락의 절정에 대한 여성의 도발과 대담성이, 남성보다 훨씬 담대하기 때문입니다. 법을 비켜 나가고 끊임없이 무(無)화시키는 것이 여성성의 내부에 포함되어 있기 때문입니다.

▶ 유사 쾌락과 애도

영화나 드라마는 항상 그 열정적인 욕망의 절정을 향해 치달아 모든 역경을 이겨내고 해피엔딩을 맞습니다. 모든 금지된 법을 넘어 진정한 결합과 융합에 이를 때 우리는 만족감과 함께 허탈감을 느낍니다.

"그들은 행복하게 살았습니다."

이야기는 이렇게 끝을 맺지만 우리 욕망은 지속형입니다. 그 뒤로 그들은 어떻게 될까요? 그들은 계속 그런 행복과 사랑의 절정에 있을까요? 너무도 뻔한 현실로 돌아가 그들 역시 우리와 다르지 않은 삶을 살겠지요. 우리 모두는 그것을 잘 알고 있습니다. 그럼에도 매번 같은 구조의 드라마와 영화를 보며 끊임없이 현재를 애도하고 현재를 잊으며 달콤한 쾌락을 다시 불러들입니다. 하지만 그 쾌락은 진정한 쾌락이 아닌 유사 쾌락에 불과하다는 것 또한 우리 모두 알고 있습니다.

여자가
사랑하는 법

"진실로 강함은 나의 나약함이 드러나도록 허용하고 받아들일 때
발휘될 수 있다는 역설을 품고 있다."

미국 영화 〈팬텀 스레드(Phantom Thread)〉는 남자와 여자의 욕망을 매우 상징적으로, 섬세하게 표현했습니다. 흠결 없는 완벽을 지향하는 나르시시즘의 정점을 찍고 있는 남자 레이놀즈와 그런 남자를 통해 자신을 확인하고 증명해 내기 위한 여성 알마의 치열하고 은밀한, 그리고 어느 만큼은 사악한 사랑이 그려지고 있지요.

영화 속 알마는 레이놀즈를 위해 헌신을 다합니다. 자신을 모두 내던지는 모습은 여성이 사랑을 대하는 태도를 지극히 잘 보여 줍니다. 알마는 그를 통해 새로운 정체성을 획득하고 이전과 다른 자신을 만나지요. 레이놀즈는 자신이 만든 옷을 입은 그녀가 옷감을 마음에 들어 하지 않

자 취향을 바꾸라고 말합니다. 알마는 스스로 자신이 아직 취향이 없다고 말하지요. 히스테리증자인 여성을 정확히 저격한 대사입니다. 여성이 남성을 통해 자신을 포기하면서 정체성을 획득하고자 하는 것을 보여 주는 말이기도 하니까요.

▶ 헌신적인 사랑의 이면

알마는 레이놀즈를 통해 새로운 정체성을 획득합니다. 지금껏 자기 몸을 밉게 바라보았던 시선 대신 레이놀즈의 시선을 통해 자신의 몸을 새롭게 인식하고 사랑하게 됩니다. 여성의 헌신에는 무조건적인 포기만 들어 있지 않습니다. 순종적이고 지고지순한 기다림이 아닌, 자신의 욕망을 실현하기 위한 끈기 있는 기다림이지요. 결코 알마는 레이놀즈의 틀에 맞춘 자신이 되려고 하지 않습니다.

알마는 아침 식사 자리에서 레이놀즈가 극도로 민감해하는, 식빵을 가는 행위나 물을 따르는 행위를 서슴지 않으며, 자기 자신을 죽이지 않습니다. 도발을 서슴지 않는 것이지요. 그러면서도 알마는 은밀하게 남성의 절대적인 필요로서 자신을 위치시키기 위한 투쟁을 포기하지 않습니다. 오직 자기 자신을 욕망하는 남자의 절대적인 대상이 됨으로써 자신을 완성하려는 여자의 욕망이 있습니다.

▶ 통제적인 사랑의 이면

알마는 레이놀즈의 병을 유발할 약을 타고 그는 그것을 기꺼이 받아 마십니다. 그녀에게 전적으로 항복하는 순간입니다. 그녀를 온전히 받아들이고자 자신을 내어 맡기는 사랑이 구현되는 순간이라고도 할 수 있겠습니다. 그녀의 손길 아래, 그녀의 돌봄 아래 자신을 내어 줍니다. 지금까지 그는 철저히 자신의 결여를 메우는 방식으로 여성을 존재시켰지요. 모든 것을 자신의 방식과 기준에 흠이 가지 않도록 배치시킵니다. 그리고 한 치의 오차도 허용하지 않고 모든 것을 통제하고 자신의 계획에서 벗어난 어떤 결과도 허용하지 않으려는 남성의 강박적인 태도를 보이지요.

레이놀즈는 알마 이전의 여성과의 관계에서는 철저히 자신의 어떤 부분까지 선을 넘지 못하도록 유지해 왔습니다. 그의 첫 번째 여인은 그에게 유령처럼 붙어 있는 어머니의 자리에 들어가지 못합니다. 알마가 끈기 있게 그의 속을 파고들며 그의 어머니 자리를 차지하려 했을 때, 레이놀즈는 그녀를 밀어내기 위한 극렬한 반응을 보이지만 끝끝내 알마에게 항복합니다. 그가 그녀의 독버섯을 먹는 행위는 앞으로 어떻게 될지 모르는 모호함 속으로 자신을 내던지는 행위에 다름 아닙니다. 그것이 남성들이 할 수 있는 가장 위험하고도 어려운 사랑의 길인지도 모르겠습니다.

강박적으로 무언가를 철저히 통제해야 하는 일은 그 강함 이면의 지극한 나약함을 견디고 버티려는 시도가 있습니다. 진실로 강함은 나의 나약함이 드러나도록 허용하고 받아들일 때 발휘될 수 있다는 역설을 품고 있으니까요. 마지막에 알마의 독버섯을 먹는 레이놀즈는 그녀와의 관계를 받아들이고, 자신을 그녀가 원하는 나약한 존재가 되도록 허용함으로써 진정으로 강해진 것은 아닐까요. 누구도 들어갈 수 없었던 자신의 세계 안으로 그녀를 받아들인 것이니까요.

▶ 트라우마로 인한 사랑의 빈자리

영훈 씨가 상담실을 찾은 것은 암으로 시한부 선고를 받고 난 후였습니다. 그간의 삶을 좀 더 이해하고 두려움 없이 죽음을 맞고 싶은 마음에서였습니다.

53세 영훈 씨는 5세 때 어머니와 헤어졌습니다. 부모님의 이혼으로 할머니 손에 맡겨져 성장했습니다. 할머니는 어머니를 대신해 영훈 씨를 누구보다 애틋한 사랑으로 키우셨고, 영훈 씨는 그런 할머니 아래서 일탈 한번 없이 자라 대기업에 취업해 지금까지 무난하게 살았습니다. 그러나 사실, 지극한 할머니의 사랑에도 영훈 씨에게는 늘 어머니의 부재가 있었습니다. 부재하면서 비어 있는 공간으로 또 존재했지요.

'어머니로부터 선택받지 못했다, 버려졌다'는 생각은 영훈 씨에게 말로 표현할 수 없는 마음의 구멍을 만들었습니다. 어머니의 부재와 그로 인한 일생의 그리움은 영훈 씨가 대학생이 되면서부터 사무치는 외로움으로 다가왔고 만나는 연인들에게는 집착하기도 했습니다. 다시 참을 수 없는 외로움과 공허함은 술에 대한 애착으로 이어졌고, 모범생이었던 영훈 씨는 술을 마시면 사나운 짐승처럼 돌변하고는 했습니다.

그러다가 마음에 드는 여성을 만나 결혼하고 남매를 낳아 키우면서 자녀들도 대학생이 되도록 세월이 흘렀습니다. 결혼생활도 평탄치는 않았습니다. 영훈 씨는 아내를 정말 사랑한다고 느끼면서도 술을 마시고 이성이 흐려지면 아내를 향한 걷잡을 수 없는 폭력성이 일어났습니다. 평상시에는 얌전한 영훈 씨가 술이 들어가면 어느 순간 눈빛이 돌변하면서 전혀 다른 사람이 되는 것 같다고 아내가 종종 말했다고 합니다.

영훈 씨는 결혼하고 몇 년이 지나지 않아서부터 술을 마시면 아내에게 폭력을 썼습니다. 유의미한 지점은 폭력이 일어났던 시점이 큰아들이 5세가 되던 즈음이라는 점이었습니다. 정신 분석의 시선으로 보면 그것이 무의식적인 기억이었든, 주변 가족에게서 들은 정보에 기인했든 자신의 아이가 5세 즈음에 아내에 대한 폭력이 발화되었다는 것은 꽤 유의미한 현상으로 보입니다. 영훈 씨의 깊은 곳에서 무슨 일이 일어나고 있었기에 그런 일을 벌인 것일까요? 영훈 씨가 폭력을 행사하던 시점

남편을 버려야 내가 산다

을 살펴보면 5세였을 때 어머니를 떠나보낸 사건에 대한 애도와 복수가 일어난 것으로 해석할 수도 있습니다.

하지만 그것보다는 아내에게 투사된 어머니에게 폭력을 가하는 방식으로 어머니와 접촉하고 함께 있었던 것으로 보입니다. 영훈 씨가 아내에게 폭력을 행하는 것은 증상적으로 어머니를 찾고 어머니와 함께 있는 방식이었던 것이지요.

영훈 씨는 가정 내에서 꽤 가부장적인 남편이고 아버지였습니다. 모든 것이 본인 위주로 돌아가고 아내는 당연히 영훈 씨를 위해 맞추고 채우는 방식으로 결혼 생활이 유지되어 왔습니다. 아내는 몇 번이고 영훈 씨를 떨치고 아이들을 데리고 떠나고 싶어 했지만, 남편에게서 상처받고 울부짖는 어린 짐승 같은 모습을 발견한 듯 보입니다. 차마 상처받은 영혼을 떨치지 못하고 곁에 남아 마지막까지 영훈 씨를 지키기로 했으니까요.

▶ 온전히 주는 사랑

영훈 씨는 암에 걸리고 투병 생활을 하는 요즈음이 인생에서 가장 행복한 시간이라고 말합니다. 마치 순한 어린 양으로 돌아간 듯 모든 것을 아내에게 맡기고 아내의 보살핌에 따라 생활하면서 고맙고 즐겁다고 합니다. 아내도 남편으로부터 모든 권력을 위임받아 남편에 대한 절대적인 위치를 꽤 즐기는 것처럼 보입니다. 남편의 투병을 돕는 일에 지치기보다는 스케줄을 짜고 식단을 짜서 끼니마다 챙기고 자기 말을 듣지 않을 때는 혼을 내기도 하며 다시금 삶의 활력을 얻고 있다는 것이지요. 남편이 아픈 것에서 활력을 얻는 것이 아니라 어쩌면 암이라는, 죽음이라는 거대한 장애물을 놓고 비로소 온전한 동맹이 되었기 때문이 아닐까 싶습니다.

결혼 생활 내내 영훈 씨를 압도하면서 반복되던 거친 애도가 끝나자 죽음이라는 정령이 성큼 다가와 있습니다. 영훈 씨는 두려웠던 죽음이 사랑의 방식의 하나였다는 것을 알아차리면서 더 이상 죽음이 두렵지 않고 그저 선 하나 넘어서는 만큼의 가벼움과 아득함으로 느껴지기도 한다고 말합니다.

영훈 씨의 시간이 얼마나 남았는지는 알 수 없습니다. 아내와 함께 죽음이라는 산을 무사히 넘는 기적이 일어날지도 모르지요. 영훈 씨는 얼마 남지 않았다 하더라도 지금의 아내와 주고받는 시간을 품고 간다면 후회는 없을 것 같다고 말합니다. 어쩌면 지극히 이기적인 사랑을 하고 있는 것처럼 보이기도 합니다. 하지만 어떤 형태가 되었든 두 사람이 서로를 진실로 수용하고 있다는 것이 남은 시간보다, 건너 왔던 지난한 시간보다 더 중요하겠지요.

남편을 버려야 내가 산다

이 남성이 사랑을 표현하는 가장 격렬한 방식이 자신의 죽음을, 자기 육체의 포기를 아내에게 보내는 것은 아닐까요? 일생을 강박적으로 스스로와 가정을 통제하며 살아왔던 자기 권력을 통째로 포기하고 '신체의 죽음'이라는 사건을 불러오며 자신을 온전히 주는 것인지도 모르겠습니다.

3장

남자에 대한
환상이 있었다

– 아내가 바라는 남성상에 대하여

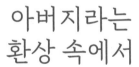

아버지라는
환상 속에서

"여자들에게는 로망이 있다. 지적이고 인성이 좋고
너그럽고 관대한 남성에 대한 환상이다. 바로 이상적인 아버지상이다."

명현 씨는 몇 년간 교회에 헌신하면서 목사님 뒷바라지를 했습니다. 훌륭한 인품, 무엇보다 타인의 고통이나 어려움을 지나치지 못하는 그분을 위해서라면, 명현 씨는 무슨 일이든 할 수 있을 것 같다는 생각도 했습니다.

목사님은 명현 씨의 헌신을 무조건적으로 받아들이는 것이 아니라 객관적인 거리를 유지하며 언제나 명현 씨의 성장과 행복을 우선순위로 가지라고 말했습니다. 목사님의 말씀은 명현 씨를 더 겸손하고 열광하게 만들었습니다. 그분의 가르침을 더 잘 따르기 위해 신학원도 졸업했습니다. 그런데 신앙에 열중할수록 남편과의 사이가 점점 더 멀어지게 되었습니다. 그분처럼 성숙하지도, 명철하지도 않은 남편이 애처럼 느껴져서 점점 남편으로부터는 관심이 멀어진 것이지요.

그렇게 모든 에너지를 교회 활동과 영성 공부에 몰입하며 살아가고 있는데 날이 갈수록 목사님이 명현 씨의 일과 생각을 다 알고자 했습니다. 물론 그것은 교회와 관계되는 일이었지만 명현 씨는 스스로 생각하고 행할 수 있는 것이 아무것도 없다고 느끼기 시작했습니다.

명헌 씨가 가족을 돌보는 일에도 목사님의 기준이 개입되기 시작했으며 그 기준 아래서 조금만 아이들에게 좋은 엄마가 되지 못해도 은밀한 비난과 경멸을 주기 시작했습니다. 불편함이 느껴지기 시작하면서 명현 씨는 자신의 됨됨이가 모자라 그런 갈등을 느낀다고 자책하면서 죄책감을 가졌습니다. 더 반듯하게 바르게 살지 못해서 그렇다고 스스로를 다그쳤습니다. 그러다가 더 이상은 이 상태로 신앙과 가정생활을 유지하기 어렵다고 생각하여 분석을 받기 위해 상담실을 찾았습니다.

명현 씨는 분석 과정에서 큰 충격을 받았습니다. 명현 씨 쪽에서의 목사님을 향한 헌신은 아버지를 향한 인정과 소속의 갈망이 욕망으로 전환되어 발현되는 중이었고 목사님이 명현 씨를 향한 태도는 가학적 경향의 남성적 속성이 그대로 투영되었다는 것을 알게 되었기 때문입니다. 좀 더 정신 분석적으로 말하자면, 스스로를 완전무결한 존재가 되기를 가정하고 완전성을 채우려는 나르시스적이고 강박적인 남성과 그 강박적인 남성이 여성의 소망과 환상을 어떻게 통제하며 쾌락을 얻어 가는지를 알게 되었기 때문입니다.

▶ 이상적인 아버지상이 우상이 될 때

'주인과 노예의 변증법'이라는 헤겔의 논의가 있습니다. 이에 따르면 주인은 노예의 칭송과 숭배가 없으면 사라지는 존재와 같습니다. 주인은 노예의 노동과 숭배, 존경을 먹으며 존재합니다. 노예의 불안과 공포, 죄책감을 채찍질하며 다른 곳으로 눈을 돌리지 못하게 해야만 존재할 수 있는 것이지요. 우리 일상에서 조금만 면밀히 살펴보면 이런 관계는 매우 많습니다. 종교 안에서 종교 지도자와 신도들 사이에 가장 두드러지게 드러나기도 하지요. 가족 내에서 아내와 남편의 관계, 부모와 자식의 관계에서도 어렵잖게 발견할 수 있습니다. 명현 씨는 남편과의 관계에서 충족되지 않은 아버지상과 가족 안에서 채워지지 않는 마음의 공허를 종교와 성직자에게 헌신하면서 얻고자 했던 것이지요.

여성은 관계 안에서 갈등으로 인한 의구심이 올라오면 그 의심을 자책하는 경우가 많습니다. 내 안에서 자책이나 죄책감이 일어날 때 그것은 여성이 무의식적으로 섬기는 주인이 보내는 목소리일 수 있습니다. 무의식을 지배하는 절대적인 타자는 존재하기 마련이니까요.

대상을 의심해서 믿고 있던 대상을 폐기하고, 나의 무의식적 환상이 사라지는 것보다는 그 대상을 보호하기 위해서라도 오히려 자신을 몰아세우는 경우도 많이 있습니다. 진리에 더 가까이 다가가고 싶어서, 삶을 더 자유롭고 온전하게 살고 싶어서 자신을 온전히 목사님에게 맡기고 헌신함이 점점 더 명현 씨의 숨을 죄어 오는 듯한 부자연스러움과 통제감을 안겨 준 이유이기도 합니다.

하지만 우리가 절대시하는 대상을 한 번도 의심하지 않고 절대적 타자를 부정하지 않고, 우리 자신이 될 수는 없습니다. 그 과정에서 권위를 가장한 자들은 아주 그럴듯한 명분과 은밀한 태도로 죄책감과 부적절감, 수치심 등을 유발하며 절대 복종 또는 순종을 요구합니다. 그렇지 않은 히스테리적 의구심을 발화하는 자들을 자신들을 위협하는 경쟁자로 오인하거나 선과 책임을 가장한 절대적 보편성과 질서로 통제하려고 합니다.

명현 씨는 아버지를 넘어서기보다는 아버지를 통한 어떤 것을 가지려고 한 것입니다. 남편과 아이들이 있음에도 절대적 아버지의 자리에 누군가가 꼭 있어야 했습니다. 그 절대적인 자리를 신이 아니라 목사님이 차지해 버린 것이지요. 그것은 명현 씨가 무의식적으로 투사한 이상적인 가족의 형태(아버지와 딸)였고, 명현 씨가 온전성이라는 유아기적 환상에 매몰되어 있었기 때문입니다.

▶ 이상적인 아버지상의 부재

명현 씨에게 아버지의 위치는 그렇습니다. 목사님과의 관계는 강력한 소속감을 제공했으며 그 무엇으로부터 보호받고 있다는 안전한 환상을 갖게 했지만 실제로는 명현 씨를 결코 독립적인 주체로 만들 수 없는, 순진하고 순한 어린 양으로서만 존재해야 하는 의무를 지운 셈입니다. 물론 명현 씨가 자신의 환상을 포기할 수 없었기에 그 속에서만 행복하고 안전하다는 환상을 고집했던 것이고, 그 안전이 점점 단단한 목줄이 되면서부터 고집했던 환상에 균열이 생기기 시작한 것입니다. 목사님에게서 탈락되거나 목사님이 부재하는 것을 상상할 수도 없었습니다. 그러면 마치 어두운 들판에 홀로 버려지는 듯한 공포감에 사로잡혔으니까요.

부성적 질서가 없는 곳에 버려지는 명현 씨 안의 아이는 공포와 불안에 휩싸입니다. 명현 씨는 자신의 상태를 다시 들여다보아야겠다고 마음먹었습니다. 점점 더 어딘가에 강력하게 죄어지는 느낌과 부자연스러움에 더 이상은 안 되겠다고 생각해서였습니다. 그래서 '아버지의 집', 교회를 떠나 분석가를 찾아왔습니다. 그녀가 진정으로 바라는 바는 소속감도, 안전함도 넘어서는 자유로움이었으니까요. 스스로를 책임지고 꾸려 나갈 수 있는 자유로움 말입니다.

많은 여성 내담자 분과 깊은 내면의 소망과 욕망을 탐사하다 보면, 비교적 비슷한 로망이 있음을 발견합니다. 지적이고 인성이 좋고 너그럽고 관대한 남성에 대한 환상이지요. 깊이 이해하고 들어 주며 올바른 지침이나 지혜로운 길을 열어 줄 수 있는 남성입니다. 그 역할을 주로 맡는 이들은 성직자, 사회의 멘토로 불리는 종교인, 정신 분석가, 학자이기도 합니다. 달리 말해, 이상적인 아버지상입니다.

우리는 결코 완전한 아버지를 만난 적이 없고, 온전한 아버지를 가진 적이 없으니까요. 아버지를 향한 소망과 욕망은 결핍과 상처투성이어서 그것을 회복시키고 보상해 줄 남성을 찾아 헤매기도 합니다. 그들은 여성의 그런 판타지를 양분으로 먹고 주인 노릇을 하며, 그녀들의 사랑과 경제적 지원을 넘어 숭배를 받기도 하지요.

많은 여성들은 무엇에 매료되고 사로잡히는 줄도 모른 채, 그들을 마치 진리의 정언명령을 시행하는 진리의 담지자들로 여기며 의심 없이 따르기도 합니다.

분석가들 중에서도 감정과 분리되어 객관적인 태도와 지적인 태도를 견지하고 있어 여성들로 하여금 이상적인 아버지상으로 받아들여지는 경우가 많습니다. 타인에 대해 세심한 관심을 가지고 세심한 태도를 견지하기도 하니까요. 그들은 내담자의 모든 것을 알고 꿰뚫고 있다고 가정합니다. 오직 자신들의 통찰과 감각이 참되고 진짜라고 믿어 의심치 않습니다.

◗ 부성적 존재에서 벗어나다

정신 분석학자 카렌 호나이에 따르면 이들은 "좀 더 무의식적인 교활함으로 자신들의 소명에 헌신하고 있다고 믿으며 자신도 모르는 사이에 스스로의 성공과 권력, 이득을 위한 발판으로 사용한다"고 합니다. 말하자면 그들은 나의 무의식이 투명한 거울처럼 정화되어 있고 오직 타자의 무의식만이 옳고 바른 길로 이끌어야 할 그 무엇이 되는 것이지요. 우리는 실제 우리의 모습에서 좀 더 나아가기를 끊임없이 열망하며 어른을 만나고, 스승을 갈망합니다. 옳은 길을 제시해 줄 부성적 존재들을 필요로 하고 갈망하는 것이지요.

카렌 호나이는 더 나아가 이렇게 말합니다.

"그들이 명확하고 올바른 입장을 견지하는 것은 그것조차 어떤 '보편적이고 이상적인 편견'에 사로잡혀 있기 때문이지 진정한 참된 신념과 태도에서 기인하는 것은 아니다."

우리가 가진 나약함과 누추함을 사회 지도자나 지식을 가지고 있다고 가정된 주체들을 통해 극복하고 좀 더 온전해지고자 하는 열망은 역설적으로 그런 무의식의 부성적 권위와 권력을 교활하고 은밀하게 이용하는 자의 양분으로 제공되는 셈입니다.

라캉은 강조합니다.

"무의식이라는 것은 실체가 있는 어떤 어둠의 덩어리, 악함이나 그릇된 욕망의 정체가 아니라 어떤 누구와 함께 하느냐에 따라 늘 유동적으로 형성되고 변화하는 그 무엇이다."

그 무엇도 두려워할 것 없습니다. 내 안에서 일어나는 부정과 어떤 의구심도 부적절하고 온당치 않은 것은 없습니다. 라캉은 "속지 않는 자들이 방황한다"라고 말하기도 했습니다. 우리의 갈등과 방황은 오직 자신의 진실, 고유한 개인의 진리에 반하는 것에 대한 저항과 외침일 수 있습니다.

화목과 적응이라는 부성적 질서에 위반하는 자신을 질책하고 비난하지 않기를 바랍니다. 왜냐하면 보편성이라는, 옳음과 바름이라는 질서는 오직 세계가 만든, 세계를 통제하고 지배하는 자들을 위한 이미지 게임과도 같기 때문입니다. 진짜는 내가 어떤 공동체든 가정이든, 관계 안에서 안전함을 느끼는지, 그 안전함이 가장 나다운 모습을 찾아가도록 허용하고 수용하고 있는지가 중요합니다.

남편을 버려야 내가 산다

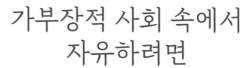

가부장적 사회 속에서
자유하려면

"우리가 가지는 의심 없는 행위가 얼마나 남성적 태도와 시선에 길들여 있는지
의심하고 알아차리려는 노력이 필요하다."

연애 때는 남자 친구가 자신의 부모님에게 크게 신경 쓰는 것 같지 않
고 나에게만 집중해 주는 면이 좋아서 결혼까지 결심한 여성들이 있습
니다. 그런데 그런 여성들이 "안 그러던 남자가 결혼 후에 효자가 되어
힘이 든다"라며 문제를 호소합니다.

그들은 갑자기 효자가 되었을까요? 남편을 '남편'으로 보지 말고 '시어
머니의 아들'이라는 관점에서 살펴야 좀 더 이해하기 수월해집니다. 시
어머니의 아들은 결혼하면서 갑자기 효자로 바뀐 것이 아니라, 결혼하
고 아내의 헌신이나 희생을 통해 아들로서 인정받고자 시도하는 것입
니다.

여성들 또한 남성 못지않게 결혼 후에 친정을 더 챙기고 싶어 하기도 합니다. 남성들은 그간 못 받은 인정과 승인에 대한 욕구가 결혼을 함으로써 좀 더 가시적으로 드러나고, 그 욕구를 아내들의 헌신이나 희생을 통해 이루고자 하는 것이지요. 그런 그들의 욕구가 가부장적인 한국사회의 전통과 문화적인 경향 아래 합리화되어 버립니다.

사실 남편들은 특히 인정 욕구에 메말라 있지만 겉으로 크게 드러나지 않을 뿐입니다. 그런 요소들이 결혼 후에 가시화되는 것이지요. 이때 아내들은 사랑하는 남편을 위해 그 욕구를 어디까지 맞춰 주어야 할지 고민합니다. 기억했으면 좋겠습니다. 그 기준은 어디까지나 '나를 잃어버리지 않을 만큼'입니다. 헌신의 대가가 돌아오지 않아도, 기꺼이 남편을 위해 희생할 수 있다는 마음이 아니라면, 그것은 분노로 돌아와 남편과의 관계가 파국으로 치달을 수도 있기 때문입니다.

▶ 여성에게 내면화된 남성적인 시선과 태도

아들에 대한 어머니의 소유도 대단합니다. 마치 소유자로서의 태도를 가장 극명하게 보여 주는 시기가 결혼 초기이지요.

결혼식 때 입을 예복을 시어머니께 검사받는 며느리도 있습니다. 남편과 함께 결혼 예복을 '논의'하는 것이 아니라 시어머니가 '검열'한다는 것은, 결혼의 주인이 부모에게 있다는 상징적인 뜻이기도 합니다. 또 아들의 첫 주인인 엄마가 다른 여성을 검열하며 자신의 남자를 선뜻 내어주기를 허용치 않는 행위이지요.

결혼 후 첫 아이를 출산하면 시어머니가 틈틈이 연락해 모유는 잘 먹이고 있는지 확인하는 경우도 있습니다. 내 아이에 대한 돌봄이 아니라 집안의 어른이 손자, 손녀를 돌보는 것 같은 현상이지요.

이와 같은 시어머니들의 태도는 지극히 남성적인 태도입니다. 같은 여성이지만 남성적 사고와 태도로 의심 없이 살아가는 분들이지요. 이는 아들과 인연을 맺은 여성이 어떤 사람인지 알아 가고 새롭게 관계를 형성해 나가려는 탐색과 노력이 아닙니다. 가족이라는 고정관념대로 지난날 당신들이 며느리로서 어떤 어려움을 겪었든 잊은 채로 자식들에 대한 태도에서는 고민과 노력 없이 가부장적 마인드를 유지해 나가길 욕망합니다. 관계의 주인이 권력인 셈이지요.

그러면 이렇게 집안 어른들만 가부장적이고 남성적인 시선과 태도에 사로잡혀, 며느리들을 괴롭히는 것일까요? 그렇지 않습니다.

우연히 팟캐스트를 둘러보다가 30대 여성 게스트들이 나와서 여러 가지 이슈에 대해 이야기하는 것을 들은 적이 있습니다. 그중 한 여성 게스트가 남성들과의 관계에 대해 이야기하는 것이 유독 귀에 들어왔습니다. 잠깐 듣기에도 성적인 얘기도 서슴없이 하고 구체적으로 드러내며 즐거워하는 그 여성은 노골적인 성을 이야기하면서, 스스로를 매우 자유롭고 개방적인 여성으로 느끼고 있는 듯했습니다.

성을 표면화해서 드러내고 무조건 직설적으로 표현한다고 해서 주체적이고 개방적인 것은 아닙니다. 몸을 더 드러내고 짧은 치마가 어울리는 각선미가 아름답다는 말도, 지극히 남성적인 것이지요. 그런 기준으로 아름다워지기 위해 발달한 것이 한국의 성형이기도 합니다. 여성으로서, 성적으로 매력적이어야 하는 것은 자기만족의 차원만이 아니라 남성의 시선을 만족시키는 것이기도 하니까요.

성적인 것을 어필하고 노골적이어야 개방적이라고 여기는 것 또한, 남성적 시선에서 출발한 여성의 개방성과 주체성입니다. 사고나 시선의 주인, 주체가 남성인 것입니다.

정신 분석학자 백상현 교수의 말을 빌리면 그것은 '여성적 욕망'이 아니라 '여성의 욕망'입니다. 여성적인 것은 구조적인 것을 말하지만 여성의 욕망은 전형적인 타자의 욕망을 말합니다.

▶ 가모장 또는 가부장이 되지 않으려면

남녀가 무조건 똑같아야 한다는 관점 자체는 평등하기보다는 유아적인 것에 가깝습니다. 이것 아니면 저것이라는 이분화된 사고에 사로잡히는 현상이지요. 저는 개인적으로 페미니즘에 대해서는 잘 알지 못합니다. 하지만 여성과 남성을 대극에 놓고 똑같아야 한다고 주장하고 서로에게 역차별을 퍼붓는다면, 그건 가모장(家母長) 아니면 가부장(家父長)일 뿐이라 생각합니다.

가부장적인 남성으로부터 여성이 얻는 이득도 있습니다. 철저히 가족을 남성이 책임지며, 돈은 남자가 벌어야 하고, 굳은일은 남성이 해야 하며, 여자는 철저히 보호받아야 할 존재라 여기고, 그 아래 있는 여성은 사랑받는 여성의 전형이 되겠지요. 그저 한 개인으로서, 한 인간으로서 서로에 대한 태도가 필요할 뿐입니다.

우리가 가지는 의심 없는 행위와 문화가 얼마나 개인을 배제한 관습과 남성적 태도와 시선에 길들여 있는지를 의심하고 알아차리려는 노력이 필요합니다. 그것들로부터 거리를 띄우려는 노력과 시도 자체가 우리 자신을 소외시키지 않는 윤리적인 태도가 되겠지요.

많은 정신 분석학자들의 주장에서도 여성은 관계를 통해 자신의 정체성을 확인한다고 합니다. 타인의 정체성을 통해 자신을 형성하고 만들어 간다는 것이지요. 그런 의미로 한국 문화에 강력하게 뿌리내린 가부장적인 태도에 대해 여성들은 아내, 엄마, 며느리, 딸로서 자신의 정체성을 의심하고 그것에 도발하는 것을 두려워합니다. 그저 자신으로 존재하는 것에 부적절함을 느끼지요. 죄책감과 두려움은 보이지 않는 권력의 주인인 가부장, 남성의 질서가 부과해 놓은 것입니다. 안정과 유지라는 안락한 환상을 유지하면서 실질적인 이득을 얻은 그 주인인 가부장의 의식과 주인 담론이 만들어 낸 지식들이니까요.

우리도 우리의 부모님도 그런 관념과 라캉이 말하는 '대타자의 음성'에 지배되어 살아왔고 또 살아갑니다. 라캉의 대타자의 음성은 '남들처럼'이라고 말할 수 있는 무수한 기준들입니다. 대타자는 보통 상식이라고 말하는 보편적 기준이나 법, 질서, 규칙, 지식 들을 통틀어 말할 수 있습니다. 어린아이는 최초에 어머니의 반응과 사후 확인을 통해 자신의 메시지와 존재가 반영됩니다. 이때 어머니는 대타자의 자리에 위치하며 그 타자가 보여 주는 반영과 확인을 진짜라고 믿는 착각이 일어나기도 합니다. 우리가 진실이라고 믿는 대부분이 이런 대타자들의 요구, 기준에서 비롯합니다. 대타자에 의해 개인 주체의 진리는 소외되지요.

자아를 강화해서 내 고집대로 하고 싶은 것을 마음껏 주장하면, 정체성을 찾는 주체가 된다는 생각은 큰 오류입니다. 우리가 생각하는 주체는 즉 자아가 곧 세계가, 문화가, 인간에 대한 거대한 담론의 권력이 만들어 낸 것들이기 때문입니다. 정체성을 회복하고 주체로 살아간다는 것은 그런 지식의 지배에서 의문을 놓지 않는 행위입니다.

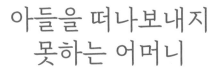

아들을 떠나보내지
못하는 어머니

"아들과 어머니의 관계에서 어머니를 향한 아들의 욕망보다
아들을 향한 어머니의 욕망이 좀 더 강렬하며 우위를 차지한다."

상실에 대해 정신 분석적인 입장에서 시어머니와 그의 아들을 이야기
해 볼 수 있을 것 같습니다. 아들이 상실했던 최초의 어머니상을 아내에
게서 발견하거나 회복하기를 시도하면서 어머니를 떠난 결혼이 그들에
게는 결코 상실이 아니라 어떤 의미에서 거세된 충동을 회복하는 것이
나 다름이 없습니다.

여성도 마찬가지이지요. 여성들이 가진 결핍과 결여를 남편이라는
대상을 통해 회복할 수 있을 것이라는 환상을 가지기에 결혼은 새로운
행복을 꿈꾸는 통로입니다. 하지만 어머니는 그녀의 남편, 그러니까 우
리의 아버지를 통한 회복과 욕망의 좌절을 필연적으로 경험하면서 원

초적 상실을 메우는 것에 실패를 겪습니다. 그 실패가 우리들 자신으로 돌아가기보다는 자신의 아들을 통해 남근, 즉 팔루스(Phallus)를 소유하는 환상을 유지시키고, 상상적 만족을 수십 년간 누려옵니다. 이 만족을 방해하는 데는 남편도 딸도 배제시키기를 서슴지 않습니다. 그런 온전한 만족을 주었던 아들을 다른 여성에게 떠나보내는 데서 오는 상실을 그저 애착 관계에 있던 아들을 잃어버린 어머니의 정서적 시기와 질투로 이해하는 것은 지극히 단순한 논리입니다.

▶ 결혼한 아들에게 느끼는 어머니의 상실감

"아픔은 완벽하게 떨어지기 위해 또다시 사랑하는 것과 재회하는 데 있다. 재회해서 다시금 사랑하는데 이 사랑을 지원하는 상상의 인물이 없어서 아프다."

- 장 다비드 나지오 -

정신 분석에서 남근, 팔루스는 쾌락을 주지만, 실체 없는 소유와 욕망의 산물입니다. 생물학적인 남성의 남근을 이야기하는 것이 아닙니다. 여성이 근원적으로 상실했다고 생각하는 남근은 아버지성, 남성성을 말합니다. 무의식의 차원에서 이루어지는 상징적 의미의 남근이고 쾌락의 산물입니다.

어머니는 아들의 남성성을 통해, 잃었다고 여기는 남근을 다시 재회하고 그 사랑을 이어나갑니다. 하지만 아들의 결혼은 지금껏 한 여성의 사랑과 소유의 환상을 지원하는 상상적 대상, 남근적 대상을 다른 여성이 앗아가고 그것을 빼앗기는 데서 오는 아픔을 말합니다. 많은 경우 어머니는 그 아픔을 겪어 내는 상실을 받아들이지 않겠다는 태도를 보입니다.

아무리 시대가 변하고 가족의 형태가 달라졌다고 해도 시어머니와 며느리의 갈등은 그 표현 양상이 좀 더 우회적이고 지능적이 되었을 뿐 세대를 거쳐 내려오는 갈등의 모습은 반복적으로 드러납니다. 여기서 가족, 도리, 효도라는 가치는 우리를 옴짝달싹할 수 없게 만드는 상징적인 지표들이고, 죄책감을 유발하는 강력한 기준이 되지요.

이 모든 것을 무시하고 쾌락과 만족, 나 자신의 삶만을 고집해야 한다고 이야기하는 것이 아닙니다. 그 명분과 기준 이면에 흐르는 쾌락의 에너지와 그 에너지에 압도되어 스스로 삶을 살피지 못하는 여러 증상이 출현하는 것에 주목해야 한다는 것이지요.

희원 씨는 십수 년간 결혼생활을 유지하면서 시댁 어른들이 요구하는 의무와 도리를 나름 충실히 이행해 왔습니다. 시댁 어른들은 사업에 성공하면서 부를 축적했고 사 남매 이상의 자녀도 사회에서 제대로 자리매김하도록 키워 냈습니다.

희원 씨는 재력을 갖춘 집안의 큰며느리로 들어가 사회생활도 포기하고 열심히 내조하면서 살아왔습니다. 그런데 큰아이가 대학에 들어갈 무렵부터 뭔가 잘못되었다는 생각이 들기 시작했습니다.

50대 중반의 남편이 아직도 시어머니나 시댁의 말에는 무조건 복종하며 희원 씨도 그러기를 요구했기 때문입니다. 희원 씨는 자신이 무엇을 힘들어하고 어려워하는지 남편으로부터 공감을 받거나 심리적 지원을 전혀 받지 못했다는 사실을 그제야 조금씩 알아차리기 시작했습니다. 어쩌면 20년이 훌쩍 넘어서야 그런 생각이 들었다는 것은 그간 어떤 이유로 지나치게 자신을 억압하며 살아왔다고도 볼 수 있겠지요.

희원 씨는 친정 부모님께 사랑을 많이 받고 자란 큰딸입니다. 부모님도 희원 씨를 좋은 가정에 시집보냈다고 안심하고 좋아하셨기 때문에 희원 씨는 이 결혼에는 한치 의심도 없이 '나만 조금 더 참고 조금 더 잘하면 모든 것이 잘될거야'라는 생각으로 살아왔습니다. 친정 부모님께 실망과 걱정을 안겨 드리고 싶지 않은 마음이 희원 씨 자신의 삶보다 우선시되었기 때문이지요.

누군가의 기대를 안고 그것을 기준으로 살아가는 것이 자신을 온전히 배제시키고 있다는 사실은 꿈에도 인식할 겨를이 없었습니다. 주어진 삶을 기대에 어긋나지 않게, 균열이 일어나지 않게 살아내는 데에만 온 힘을 다했습니다.

희원 씨는 가족이라는 안전해 보이지만 단단한 굴레 안에서 독립적인 정체성을 발견하거나 의문할 기회를 갖지 못했습니다. 시간이 지나면 조금 더 편안해지고 행복해질 줄 알았던 삶이 날이 갈수록 마음의 폐허로 돌아온다는 사실에 희원 씨는 무엇을 어떻게 해야 할지를 모르겠다고 했습니다. 이미 나이도 중년을 훌쩍 넘겼는데 이 시점에서 심리적 독립이라는 것 또한 어떤 의미인지, 정체성을 어떻게 찾아야 하는지조차 감을 잡을 수가 없었습니다.

▶ 장성한 아들의 유아적 사고

저는 희원 씨와 하나씩 차근차근 양가의 가족 구조를 탐색하기 시작했습니다. 그 과정에서 희원 씨가 결혼을 결심하고 해야 한다고 생각했던 기준과 그 대상을 선택하는 기준 모두가 자신의 행복과는 전혀 상관없었다는 것을 알게 되었습니다. 오직 부모님들이 만족해하고 기뻐할 기준이었지요.

희원 씨 부모님의 기준은 대한민국의 여느 부모님들의 기준과 크게 다르지 않았습니다. 인문학이 성행하고 온갖 심리적인 정보가 넘쳐나도 우리 깊숙이 뿌리박힌 안정과 행복의 기준은 지극히 보수적이고 고전적이라고 볼 수 있지요. 남들이 하는 만큼, 남들 눈에 흠 잡히지 않을 만큼의 사회적 지위와 경제적 여유 등이 가장 대표적입니다. 의심조차 하기 힘든 정도로 상식적이라 불리는 기준입니다.

희원 씨가 가장 먼저 깨달은 것은 이 결혼에 어떤 변화를 주는 데 있어 친정 부모님을 실망시키고, 그것을 견딜 수 있는지였습니다. 그것이 자신에게 얼마나 두려운 일인지 자각하면서 부모님과 자신이 결코 안전한 관계가 아니라는 것까지도 가늠할 수 있게 되었습니다. 부모님마저 안전한 관계가 아닌 것을 알았을 때, 시댁과 남편에게 헌신했던 자신의 상태가 순종과 두려움을 품은 상태와 다르지 않았다는 것 또한 자각했지요. 남편과 시댁 어른들은 희원 씨의 그런 두려움을 무의식적으로 이용했습니다. 균열이 생기지 않으려면 시댁에 복종하며 당신들이 요구하는 것을 끊임없이 따라야 한다는 무언의 요구가 이어졌으니까요.

희원 씨의 남편은 시어머니의 사랑스럽고 자랑스러운 트로피로서 자신의 상태를 유지했고 한편으로는 그것에 균열이 생길까 두려워하고 있었습니다. 사실 희원 씨와 남편이 같은 구조로 부모와 관계를 맺고 있었다고 보는 것이 맞습니다. 두 착실한 아이가 여전히 절대적인 힘을 가진 부모 아래서 나름의 조그만 공동체를 꾸려 나가고 있었지만 그 공동체의 주인은 양가 부모들이었다는 것이지요.

아내들은 이럴 때 남편들을 상담실로 불러내어 원 가족과 분리하라고 요구하기가 쉽습니다만, 냉정하게 이야기하면 그것은 남편의 힘으로 내 불행을 조금 더 덜어 주길 바라는 마음과 다르지 않습니다. 그런 방식으로 어느 만큼의 분리가 이루어져 불행감이 조금 덜어지더라도 결코 그것이 문제의 해결이 될 수는 없습니다. 더욱이 남편은 어머니의 쾌락의 산물인 남근으로서 자신의 위치를 조금이라도 이동하거나 그것을 의심할 여지가 없어 보입니다. 스스로 그것이 불편하지 않다면 어느 누구도 바꿀 수 없습니다. 그런 어머니와 아들은 생각보다 주변에 많습니다.

▶ 어머니의 근친상간적 욕망

"아들을 향해 리비도(에너지)를 투여하는 것은 일반적으로 볼 때 축복이지만 색광중으로까지 발전할 수 있으며 그것은 (심지어 남편 그리고 남편과의 성관계까지 해를 입히면서) 충만함과 완전함을 희구하는 여자의 오랜 꿈의 실현이다."

- 드니즈 라쇼 -

세간에서 '막장 드라마'라는 비난을 받으며 사람들의 논란의 중심이 되었던 드라마 〈결혼작사 이혼작곡〉을 매우 인상적으로 보았습니다. 드라마 속 사례를 불편하게 느끼실 독자들도 많이 계시겠지만, 인간의 은밀하고 무의식적인 충동과 욕망을 지극히 적나라하고 직접적으로 드러내고 있다고 생각합니다.

극중에 동미는 의붓아들 유신에 대한 근친상간적 욕망을 아주 치밀하게 드러냅니다. 그것은 그저 드라마에서 존재하는 것이 아니라, 어머니라는 여성의 욕망 안에서 무의식적 충동 안에서 일어나는 아들(남근)에 대한 환상과 집착입니다. 물론 그 욕망은 일반적으로 '엄마의 애정'이라는 근사한 옷을 입고 있지요.

이런 은밀한 욕망과 환상을 인정한다는 것이 결코 그것에 동의한다는 말은 아닙니다. 다만 우리의 무의식적인 충동의 회로들에 대해서는 좀 더 솔직해질 필요를 느낄 뿐이지요. 마치 그런 것은 아주 퇴폐적이고 예외적인 속물스러운 인간에게서나 일어나는 일처럼, 우리 자신을 도덕군자로 위치시키는 것은, 스스로를 더욱 취약하게 할 뿐이니까요. 깊은 곳의 충동을 어떤 식으로 발화하는지 그 차이만 있을 뿐입니다.

프로이트는 아들과 어머니의 관계에서 어머니를 향한 아들의 욕망보다 아들을 향한 어머니의 욕망이 좀 더 강렬하며 우위를 차지한다고 말했습니다.

희원 씨는 지금의 불행에 어떤 파격적인 결행이나 극단적인 선택보다는, 우선 그들로부터 감정적으로 분리되어 공허와 결핍에 익숙해지는 연습을 했습니다. 시어머니가 자신을 불행으로 내몬 것이 아니라, 그런 상태에서 자신을 그토록 오랜 시간을 견디도록 허용한 것이 무엇이었는지를 아는 일이 더 중요하니까요.

자신의 좌절이 다시 아이들에게로 이동해 시어머니처럼 되지 않기 위해 세밀하게 자기 상태와 감정을 관찰하고 읽어 내는 작업에 몰입했습니다. 왜 자신이 부모의 욕망을 한 치의 의심도 없이 대신 살았는지를 묻고 또 물었습니다. 그 몰입은 다시금 에너지를 자신에게 집중하도록 하고, 희원 씨가 두려워하던 여러 상상적인 이미지들로부터 조금씩 떨어져 나오도록 돕는 작업이었습니다. 지금까지 믿고 있던 기준, 상태가 가지는 의미를 모두 뒤집어 의심해 보는 것이지요.

희원 씨는 어느 날 제게 이런 이야기를 했습니다.

"선생님, 이제 곧 남편을 그 어머니에게 온전히 돌려주고 싶어요. 한 번도 제 사람이었던 적은 없었는데, 전 무얼 붙들고 살았을까요? 그 사람을 변화시키는 데 제 삶을 쓰고 싶지는 않아요. 제가 살았던 현실 안에는 제가 없었어요. 아무것도 붙들 것이 없는 지금 제가 제 자신으로 살 수 있을까요? 50세가 넘으면 삶이 편안해질 줄 알았어요. 삶이 이렇게 독한 걸, 왜 좀 더 빨리 알아차리지 못했는지…. 그래도 그냥 저로 살고 싶어요. 얼마의 시간이 남았든 그냥 저를 느끼면서 살고 싶어요."

희원 씨가 남편을 돌려보낸다는 것이 실제로 결별해 어머니 밑으로 보낸다는 것인지, 남편과의 또 다른 관계를 모색한다는 것인지는 알 수 없습니다. 오직 희원 씨의 무의식만이 알고 있겠지요. 분명한 것은 이전까지와 같은 삶을 반복하며 살아갈 수 없다는 사실입니다. 삶을 되돌려 새로운 길을 가는 데 늦은 때는 없습니다. 우리는 우리의 회복을 위해서 무의식이 그리는 지형을 차근히, 담대하게 따라갈 것입니다.

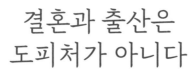

결혼과 출산은
도피처가 아니다

"다복한 가족의 모습, 잉태와 출산을 둘러싼 축복의 모습은 엄밀히 말해
여성적 환상이기보다는 남성적 환상에 가깝다."

생명을 갖고 출산하는 일은 여성에게 엄청난 사건이지만 우리가 학습
한 대로 축복과 기쁜 일이기만 한 것은 아니지요. 내 안에 잉태된 생명
을 무조건 환대하고 기뻐하라고 강요하는 명령은, 또 다른 억압을 낳고
왜곡된 증상을 출현시키기도 합니다. 아이를 출산하고 키워 내는 현실
적인 문제는 차치하고서라도, 무의식을 전제하면 '생명 잉태'는 그리 간
단한 문제가 아닙니다.

여성의 생명 잉태에 대한 소망을 굳이 정신 분석의 시선에서 '남근 선
망의 발화'라고만 덮어놓고 이야기할 수는 없겠지만 임상 현장에서 만
나는 많은 모성, 그러니까 자녀에 대한 집착에 가까운 욕망은 단지 부부

남편을 버려야 내가 산다

나 연인 사이에서 일어나는 사랑의 결실이나 확인으로만 말할 수 없습니다. 유난히 임신에 애착을 가지는 여성의 경우, 단순한 모성만은 아니라는 이야기이지요.

▶ 결혼과 출산을 출구로 삼는 여성들

> "아버지를 향한 소녀의 욕망은 남근 소유의 욕망임에 틀림없다. 어머니가 주지 않았던 남근을 이제 아버지에게서 얻고자 한다. 그러나 이 상황은 남근에 대한 욕망이 아기를 갖는 욕망으로 대체될 때 비로소 정착된다. 아기는 이미 오래전부터 페니스의 대체물로서 동등한 상징적 가치를 가지고 있다."
>
> - 프로이트 -

정신 분석학자 장 다비드 나지오(Juan-David Nasio)에 따르면 여성의 불안, 신경증이 가장 안정적으로 작동하는 때가 임신 중이라고 이야기합니다. 임신 중에 여성이 편안함을 느끼거나 이전에 가졌던 불안으로부터 보호받는 것은, 위에서 인용한 프로이트의 말대로 아이(남근)를 여성이 자궁에 품으면서 완전체가 되는 환상과도 이어집니다. 남근을 소유한 결여 없는 상태의 온전함을 누리는 것이지요.

사회에서 성공한 여성들조차도 결혼으로 인해 생기는 오랜 우울 상태나 답답한 현실을 타개하려는 시도를 합니다. 그것은 가족으로부터 독립할 수 있는 분명한 명분이 되기 때문이지요. 특별히 살고 싶은 삶의 형태도 보이지 않고, 하고 있는 일의 만족도 없을 때, 서둘러 결혼을 결정하기도 하지요. 그런 상태에서 결혼에 대한 원의(原意)를 이어갈 때 사랑하는 남성에 대한 과도한 의미 부여나 의존이 형성되기 마련입니다.

결혼 후 나만의 안정적인 가정 안에서 무언가 새로운 것이 이어지거나 전환점이 마련될 것이라는 막연한 기대감과 함께, 자신의 감정이나 욕구는 억압한 채로 남성에게 맞추기도 합니다. 내 안의 무기력과 우울감은 그대로 둔 채 외부 조건이나 환경을 개선하여, 그 우울과 무기력이 개선되기를 바라는 것이지요. 그렇게 이루어진 결혼에서 생각보다 만족이 크지 않거나 시댁과 신경전 등으로 갈등이 지속되면 이제껏 눌려 왔던 억압이 여러 가지 현상으로 드러납니다.

결혼 후 남편과의 관계가 정체되거나 남성으로부터 내가 원하고 소망하는 것을 얻을 수 없다고 느낄 때, 삶의 전환을 맞고 생활 환경을 바꾸고 싶은데 스스로의 힘으로 어렵다고 느낄 때, 의외로 많은 여성들이 출산을 계획합니다.

삶의 변곡점의 계기나 출구로서 잉태를 선택하는 것이지요. 물론 이런 현상에도 합리적인 알리바이는 언제나 존재합니다. 시댁에서, 남편이 원해서 등이겠지요. 전적으로 태어날 아이에게, 아이를 새롭게 키워 내는 일에 내 삶의 원동력을 내맡깁니다. 동기야 어떻든 주어진 생명을 소중하게 받아 안고 키워 낸다면 무슨 문제야 있겠습니까만, 이렇게 출산한다면 여성들의 불안은 또 다른 국면을 맞이할 뿐입니다.

남편을 버려야 내가 산다

▶ 신경증의 여러 모양의 발화

정신 분석에서는 인간의 구조를 크게 신경증과 성도착, 그리고 조현병(정신분열증)으로 나누어 봅니다. 인간 정신의 내적 구조를 말하는데, 좀 더 특이한 구조를 형성하는 성도착과 조현병을 제외한 나머지는 모두 신경증에 해당합니다.

신경증은 다시 히스테리 신경증과 강박신경증으로 나누는데, 여성의 대다수가 히스테리 신경증, 남성의 다수가 강박신경증의 현상을 가진다고 봅니다. 남성 구조에 대한 논의는 차치하고, 여성의 많은 수를 차지하는 히스테리도 그 양상이 복잡하고 매우 다양합니다.

강박증(남성)자들이 오직 자신에게 매몰된 상태, 자신을 채우려는 욕망의 구조를 일반적으로 보인다면, 히스테리증(여성)자들은 관계와 그 관계를 통해 많은 것을 드러내고 실현하는 패턴을 보이지요.

여성이 출산과 양육을 통해 남성에게서 채워지지 않는 불만족과 고착된 상태를 다시 한 번 전환하기를 꿈꾸는 것이 납득되는 이유이지요. 아이를 좋아해서, 시댁에서 요구해서라는 표면적인 이유가 존재합니다. 하지만 무의식의 차원에서 잉태와 출산에 대한 욕망을 탐색하다 보면 그것이 사회적 관계와 가족의 일만이 아니라는 점도 발견할 수 있습니다.

간혹 다둥이 홍보 대사들이 간증에 가까운 강연을 하는 모습을 보면서 복잡한 생각이 들고는 합니다. 나라를 생각하면 애국이겠으나 개인의 정신 영역을 보면 그것이 좋은 일이기만 할까 하는 생각이 드는 것이지요. 다복한 아이들 속에서 누리는 만족감 너머로 아이들의 소외가 비춰질 때도 있고, 그 아이들을 통해서 자신들의 삶을 이어 나가는 모습이 마치 무의식의 욕망은 존재하지 않는 것 같은 태도처럼 보일 때도 있습니다. 아이들을 키우면서 아무리 완벽한 돌봄을 제공해도 아이들에게는 끊임없이 해결해야 할 문제들이 발생합니다.

여성에게, 인간 존재에게 근본적으로 발생하는 상실과 결여가 잉태라는 소유로 은밀하게 드러나고, 여성은 그런 아이를 통해 남성이나 그 뒤의 어른들을 지배하거나 움직이고자 시도하기도 합니다. 아이는 남성 혹은 팔루스를 소유하는 우회의 길이었던 것이지요.

부부나 커플의 원만함의 유무와는 관계없이 오히려 불목하는 관계에서조차 더욱 강하게 일어나는 아이에 대한 여성의 잉태 소망과 소유에 대한 욕망은, 무서우리만큼 집요하고 지배적으로 드러나기도 합니다. 남성이 남근 소유를 가장한 나르시시스트라고 한다면 여성은 결여를 참을 수 없어 하는 은밀한 마녀들이라고 할 수도 있을까요?

▶ 아내에게 주어진 의무는 없다

아이를 키우면서 좀 더 나은 엄마가 되고 싶고 좋은 엄마가 되기를 원해서 분석을 신청한 여성이 있었습니다. 그녀는 남편이 돌아오기 전에 집 안을 먼지 한 톨 없이 정갈하게 정리하고, 남편이 집에서 손가락 하나 움직이지 않아도 되도록 내조합니다. 밖에서 가족을 위해 힘들게 일하는 남편이 스트레스를 받지 않도록 주의하는 것이 아내의 책무라고 생각했습니다. 아이들도 남부럽지 않게 예쁘게 키우고 있었지만, 때때로 감정적인 폭발이 일어나 덜컥 겁이 났습니다. 이대로 가다가 아이에게 상처를 주고 나쁜 기억을 심어 주면 어쩌나 하는 두려움 때문이었습니다.

그녀는 자신이 가진 모든 에너지를 남편과 아이들, 가족에게 헌신하는 데 쏟았습니다. 그럼에도 왜 불안과 두려움은 지속적으로 그녀를 괴롭힌 것일까요? 바로, 자기 소외였습니다. 인간으로 우리가 존재하는 이상, 근본적인 자기 소외는 언젠가 어떤 방식으로든 신호를 보내오게 되어 있습니다.

상담실에 찾아와서 좋은 엄마가 되기 위한 해결책이나 좋은 딸, 좋은 아내가 되기 위한 도움만을 바라는 분들을 정중히 돌려보내는 일이 간혹 있습니다. 내 행동을 아무리 통제하고 제아무리 지속적인 명상 훈련과 수련을 거쳐도 근본적인 자신에 대한 시선과 태도가 바뀌지 않으면 의미가 없기 때문입니다. 그것은 대타자의 명령에 순응하는 하인을 만들어 달라는 요청에 다름 아니니까요.

세상이 많이 달라졌다고 하지만 우리에게 깊이 뿌리 내린 남성 중심의 사고와 가부장적인 태도는, 우리 스스로가 쉽게 자각하기 어렵습니다. 가부장적 사고나 가족주의가 무조건 나쁜 것이라고 할 수는 없으나, 그 속에서 배제되는 개인의 존재를 돌아보지 않는다면, 그 이득은 가부장이나 남성 중심의 시선들이 가져갈 테지요.

다복한 가족의 모습, 잉태와 출산을 둘러싼 축복의 모습은 엄밀히 말해 여성적 환상이기보다는 남성적 환상에 가깝습니다. 아이에게 둘러싸인 어머니와 그들을 바라보는 가장의 시선에서 비롯됩니다. 그렇기에 가족이라는 울타리 안에서도 여성인 내가 나를 소외시키지 않고 구성원들의 삶을 지켜나가기 위한 사색과 탐색이 반드시 이루어져야 하겠지요.

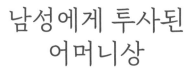

남성에게 투사된
어머니상

"인간에게 원형은 어머니로부터, 어머니와의 관계에서 출발한다.
어머니가 최초의 욕망의 대상이기 때문이다."

프로이트는 여성이 남편이나 애인에게서 남성성을 너머 어머니를 찾
는다고 말했습니다. 제가 임상에서 경험하는 것 또한 다르지 않았습니
다. 영국의 정신 분석가 대리언 리더(Darian Leader)는 프로이트의 주장을
한 번 더 강조하고 있습니다.

> *"여성이 파트너에게서 찾는 아버지라는 이상 너머에는 어머니와의*
> *원초적이고 격렬한 관계가 있을 것이다."*
>
> - 대리언 리더, 《여자에겐 보내지 않은 편지가 있다》 -

여성이 흔히 아버지와 비슷한 사람 또는 아버지와 정반대의 사람을

찾는다고 여기지만 남편이나 파트너의 특성과 관계의 구조를 살펴보면 남성 저 너머에서 어머니를 찾거나 남편을 통해 어머니와의 관계를 반복하는 경향을 자주 찾아볼 수 있습니다. 남성도 여성에게서 어머니를 찾고 여성도 궁극적으로는 남성에게서 어머니를 찾는다는 것이지요. 그만큼 인간에게 원형은 어머니로부터, 어머니와의 관계에서 출발하고 그 어머니가 최초의 욕망의 대상이기 때문이기도 합니다.

사이가 좋은 관계의 연인이나 부부를 보면 남성이 엄마 역할을 하는 것을 종종 볼 수 있습니다. 여성을 살뜰히 보살피고 챙기고 따뜻하게 보호하지요.

제가 아는 분은 남편과 사이가 무척 다정하고 좋았습니다. 어느 날 반쯤 잠이 깬 상태에서 "여보"라고 불러야지 생각하면서도 남편을 향해 "엄마"라고 부르고 있는 자신을 발견하고 깜짝 놀랐다고 합니다. 이 분에게는 남편이 남성적이거나 남편 또는 아버지의 위치에 있지 않았고, 남편을 통해 자신의 엄마와 관계를 맺고 있었던 것이지요.

이 분이 남편에게 자주 하는 말도 꽤 유의미했습니다. 늘 배가 고프면 "여보, 배고파"를 말했다는데, 그런 말은 보통 남편이 아내에게 주로 하는 말이지요. 이 분은 밥을 챙겨 주는 남편이 무의식에서는 엄마이기도 했던 것이지요. 여기서 남편이 지금껏 해 왔던 엄마의 역할을 더 이상 하지 않겠다고 자각하고 다른 삶의 방식을 선택한다면 지극히 다정했

남편을 버려야 내가 산다

던 이 부부는 심각한 위기를 초래할 수도 있습니다.

이렇게 우리의 무의식이 투사되어 맺는 것이 관계의 실재이기도 합니다. 그녀의 말실수는 매우 유의미하고 흥미로운 관계의 본질을 드러내고 있습니다. 아내들이 남편을 두고 시쳇말로 '큰아들을 키운다'라고 표현하는 것처럼 아내를 두고 딸을 키우는 것 같다고 말하는 남성들도 있습니다. 이들의 무의식적 위치는 엄마입니다. 어느 쪽이든 엄마로서의 역할을 무리 없이 수행하는 관계가 원만해 보이는 것도 유의미한 일이겠지요.

▶ '아빠'라는 호칭에 담긴 의미

여성이 남편을 통해 어머니만을 찾는 것은 아닙니다. 여성이 남편을 통해 아버지를 소환하는 방식은 직접적인 아버지와 딸의 관계가 아니라 내 아이를 통한 아버지의 소환에 있습니다. 한 예로 부부가 서로를 부르는 호칭을 들여다보면 흥미로운 부분이 많습니다. 부부의 호칭은 다양하기도 하고 협소하기도 합니다. 아이들의 이름을 붙여 '○○ 아빠'라고 부르기도 하고 '여보'라고 부르기도 합니다. 또는 나이가 남성이 더 많은 경우 '오빠'라고 호칭하기도 하지요.

이름을 부르는 행위는 우리 의식을 상당 부분 지배합니다. 여성들끼리의 톡 방이나 대화에서 남편을 부를 때 그냥 '아빠'라고 호칭하는 경우도 여러 번 본 적이 있습니다. 너무 분석적이 아닌가 하고 생각할 수도 있겠지만, 호칭은 그 관계와 자신의 위상학적인 위치를 알려 주는 하나의 지표가 될 수 있습니다. 그렇게 부르는 데는 나름의 이유가 있을 수도 있고 그냥 지내다 보니 자연스럽게 그렇게 된 경우도 있습니다.

하지만 보통 여성이 남편을 '아빠'라고 부르는 데는 아이의 아빠를 지칭한다고 생각하지만, 스스로가 아버지에게서 충족되지 못한 것을 내 아이를 통해 보상하고자 함도 상당히 많습니다. 아이에게만 좋은 아빠가 되어 준다면 남편으로서는 크게 요구하거나 기대하지 않는다는 표현도 종종 듣습니다. 순수하게 내 아이에게 좋은 아빠를 만들어 주고 싶은 열망을 넘어 아이를 통해 이상적인 아빠를 갖고 싶은 집요한 요구가 느껴지기도 합니다.

아이도 아빠를 '아빠'라 부르고 엄마도 남편을 '아빠'라고 부른다면 아이와 엄마의 위치는 같은 항렬이 되지 않겠는지요. 이름 붙임과 호명은 그 자체로 하나의 위치와 소속을 나타내기도 합니다. 그렇다고 입에 익은 남편을 향한 '아빠'라는 호칭을 억지로 떼어 내야 한다는 것은 아닙니다. 내가 쓰는 호명이 나의 어떤 욕구와 관련이 있지는 않은지를 한 번쯤 되새겨 보자는 것이지요. 우리는 왜 그토록 엄마를 넘어 아버지, 아빠라는 이상적 이미지와 존재에 또 묶여 있을까요?

정신 분석적 관점에서는 아버지가 단순한 가장이나 보호자가 아니라, 쾌락을 주는 존재이기도 합니다. '어떤 것을 끊임없이 줄 수 있는 존재'라는 것이지요. 신을 아버지라 부르는 신도들을 보면 이해가 더 쉽습니다. 신을 아버지라 부르며 끝없이 간구하고 청원하는 것은 아버지 신이 무한히 어떤 것을 줄 수 있는 존재로 가정되기 때문입니다. 상징적인 말로는, 팔루스를 가진 존재로서 우리가 갖고자 하는 것을 줄 수 있다는 이상입니다.

여성이 채우고, 요구하고자 하는 욕망은 그렇게 아빠, 아버지를 붙들고 있습니다. 그래서 남편으로서는 좀 소홀해도 내 아이에게 충실한 아빠를 남편으로 둔 여성이 불만족스러운 삶도 거뜬히 이겨 내는 모습을 보입니다.

▶ 무엇이든 요구하는 아이들처럼

> *"무엇을 요구할 때 아이는 어머니를 그것에 반응할 수 있는 혹은 반응할 수 없는 위치에 몰아넣는다. 그리고 그 반응 여부가 사랑의 지표가 된다."*
> *- 대리언 리더 -*

둥지에 있는 새끼 참새들은 머리를 어미 새를 향해 쳐들고 입을 벌리고 연신 짹짹거리는 소리를 냅니다. 그처럼 아이들도 한순간도 다른 곳으로 눈길을 돌리지 않고 어머니를 바라보며 입을 벌리고 요구를 하지요. 인간과 참새의 차이는 대리언 리더의 말처럼 입속으로 들어오는 먹이로 배를 채우고자 하는 물리적 욕구가 아니라, 아이들의 끊임없는 요구에 반응하는 어머니에 있습니다.

아들과 딸이 있을 때 보통 어머니들은 아들이 요구하기 전에 아들의 입속으로 무언가를 알아서 채워 준다면, 딸들은 요구해야 하고 그 요구에도 온전히 채워지는 경험이 부재한 경우가 많습니다. 남성들이 직접적으로 자신의 만족을 채운다면 여성들은 아이를 통해 자신의 요구와 욕구를 채우는 경향을 보이기도 합니다.

여자 아이들 중 결핍감이 심한 아이들 중에는 그 요구가 거세지고 거칠어져 엄마를 보채거나 소위 징징거림으로 엄마의 에너지를 소진 시키는 방식으로 관계를 맺기도 합니다. 시선이 자신에게 닿지 않는, 응시의 부족과 자신의 요구가 들어지지 않는다는 결핍감 안에서 '요구하는 행위' 자체로만 엄마와 관계를 맺는 방식이 체화되는 여자아이의 경우, 성인이 되어서도 늘 불만족과 결핍에 시달립니다. 남편이나 파트너와의 관계에서 이것은 거의 반드시 반복이 되는데, 요구가 채워지면 행복해질 거라 자칫 오인하기 쉽습니다.

하지만 그녀들의 욕망은 요구의 채워짐이 아니라 요구하는 행위 자체로 그들과 관계 맺고 접촉을 이어 갑니다. 그래서 아무리 남편이나 상대 남성이 잘해 주어도 결핍의 요소를 찾아 시선을 이동시킵니다. 이런 경우 결핍감과 불만족을 해소하기 위한 장치는 전혀 도움이 되지 않습니다. 왜냐하면 그녀들은 요구 행위 자체가 사라지면 엄마도 사라지고 곧 그녀들이 사랑하는 대상과의 접촉도 사라진다고 환상하는 욕망의 구조에 갇혀 있기 때문이지요. 아이들이 원하는 장난감을 모두 사 주어도 궁극적인 아이의 요구가 만족에 이를 수 없다는 것은 이미 잘 알고 있습니다. 곧 다른 장난감으로 눈을 돌리며 그것을 갖고 싶어 할 테니까요.

중요한 것은 이렇게 결핍에 대한 요구 행위 자체를 관계 맺음으로 익힌 사람이 그 관계 맺음과 접촉의 방식을 어떻게 바꾸어 나갈지입니다. 먼저는 내가 어떤 구조로 욕망을 이어 나가는지를 알아야 하는 이유이기도 합니다. 설령 알아서 포기하려 해도 의식처럼 쉽게 포기되지 않는 것이 이미 구조 지어진 욕망의 틀입니다.

남편의 외도를
꿈꾸다

"무의식적 쾌락의 출구를 찾은 것은
남편의 외도를 상상하면서 느끼는 흥분과 불안이다."

결혼 관계에 위기가 온다면 배우자가 무엇을 잘못했는지 초점을 맞추기 쉽습니다. 하지만 내가 이 사람을 선택한 무의식의 구조는 무엇이었을까를 의문하는 편이 현명합니다. 나의 어떤 욕망이 이 사람과 결혼까지 이르게 했는지 먼저 질문하고 내면을 탐색하는 것이지요.

상대가 나의 욕구나 결핍을 채워 주면 모든 문제가 해결될 것 같지만 그렇지 않습니다. 너무 긴 시간 동안 욕구 불만과 결핍에 시달렸던 여성이 그것만 해결되면 삶이 편안해질 것이라는 생각을 하는 것도 당연해 보입니다. 하지만 실상 그런 욕구에 큰 불만이 없는 사람들 역시 또 다른 고통에 시달리는 것을 봅니다.

▶ 의심에서 시작한 남편의 외도

남편이 무조건적인 지지를 해 주고, '예스맨'이어서 뭐든 하고 싶은 대로 하고 살고 있다는 미희 씨가 있었습니다. 관계 안에서 결핍과 상처에 시달리는 여성들이 가지는 남성이나 파트너로부터 유일한 대상이 되면 행복해지리라는 소망을 미희 씨는 이미 이루고 충분히 누리고 있었던 것이지요. 그러나 그녀는 아이들과도 남편과도 관계가 무난한데 오랜 시간 해결되지 않는 우울과 무기력에 시달렸습니다. 남들에게 말하면 호강에 겨워 그런다는 말을 들어, 밖으로는 내적인 우울감과 무력감을 드러내는 것이 불편해졌고 인간관계마저 거의 단절된 상태였습니다.

그러던 어느 날 남편이 평소 잘 먹지도 않던 술을 회사 사람들과 만취가 되도록 마셔 미희 씨와 저녁 내내 연락이 닿지 않는 일이 발생했습니다. 그동안 남편의 행동이나 성향을 보면 의심보다는 걱정이 앞서야 하는 것이 우선일 듯하지만, 미희 씨는 엄청난 의심에 사로잡혔습니다. 한 번도 연락이 닿지 않은 적이 없던 사람이 아무리 술을 마셔도 갑자기 연락이 끊어졌다는 것은, 다른 여자가 생기지 않고서는 있을 수 없는 일이라는 의심이었습니다. 미희 씨는 밤새 피가 마르는 듯한 초조함과 꼬리에 꼬리를 무는 생각에 시달렸습니다.

새벽녘에야 돌아온 남편은 정신을 차리지 못하고 잠이 들었습니다. 다음날 미희 씨는 남편으로부터 평소 회식 자리를 피했더니 동료들이 작정하고 술을 먹었다는 이야기를 들었습니다. 그런데 미희 씨는 아무리 이해하려 해도 의심만 더해졌습니다. 저렇게 나한테 헌신적으로 잘 하더니 결국 지쳐서 다른 여자가 생겼을 수 있고 그러다 실수로 인사불성까지 가게 되어 구멍이 드러난 것은 아닐까 하는 멈추지 않는 의심이 머릿속에서 이어졌습니다.

의심은 남편의 핸드폰을 확인하고자 하는 충동에까지 닿았습니다. 남편의 핸드폰 속에서 아무것도 발견이 되지 않자, 이번에는 다른 루트가 있을 거라는 의심이 끝을 모르고 이어졌습니다.

이 일련의 사건을 들으면서 저는 아주 강한 충동이 미희 씨 안에서 일어나고 있다고 생각했습니다. 그간 활동하지 않아 무기력에 빠져 있던 충동이 미희 씨를 사로잡고 있다는 직감이었습니다. 미희 씨가 겪고 있는, 제3자의 눈에는 과도해 보이지만 미희 씨에게는 매우 치밀하고 합리적인 의심은 어떤 충동에 의해서 추동되고 있는 것처럼 보였습니다. 여기서 미희 씨 사고의 불합리성이나 일반치료에서 말하는 침투적 사고를 완화시킨다거나 하는 것은 별로 도움이 되는 것 같지 않습니다.

미희 씨에게 아주 직접적이고 단도직입적으로 질문했습니다.

"남편의 외도를 꿈꾸시는 것 같습니다."

그냥 듣기에는 정신 나간 소리처럼 들릴 수도 있겠습니다. 그 순간 미희 씨는 당황했지만 아주 미묘한 웃음이 입가를 슬쩍 스치고 지나갔습니다. 미희 씨는 남편이 정말로 외도를 하고 있다고 믿고 있지는 않은 것이지요. 얼핏 상식적으로 보이지 않는 이런 충동이 왜 일어날까요?

바로 '쾌락의 부재' 때문입니다. 모든 사람이 아무 문제없는 평온한 일상을 꿈꾸는 듯하지만 정말 평온하기만 한 일상 안에는 쾌락이 존재하지 않을 수 있습니다. 엄청난 고통이 뒤따른 다음에야 그것이 얼마나 달콤했는지를 사후적으로 체험하기 때문입니다.

남편과의 너무도 원만한 상황과 아무런 도전 없는 일상에서 미희 씨가 무의식적 쾌락의 출구를 찾은 것은 남편의 외도를 상상하면서 느끼는 흥분과 불안이었습니다. 정서적인 차원에서만 보면 어느 누가 그런 끔찍한 상상을 즐길 수 있느냐고 반문할 수도 있겠습니다만, 그 일에 정서적이고 감정적인 차원을 제거하고 에너지의 상태와 분출 정도만을 놓고 보면 과히 폭발적인 흥분과 불안이 미희 씨를 압도하고 있습니다. 고통과 쾌락이 결코 분리될 수 없는 이유가 여기에 있습니다.

아무리 과거를 탐색하고 정서적인 지지를 받아도 우울감에 아무런 영향이 없던 미희 씨의 상태가 자신의 욕망이 어떤 경로로 출구를 찾고 어떤 파괴적인 충동으로 이끌어 가고 있는지를 탐색하기 시작하면서 생기가 돌기 시작했습니다. 아이러니한 일이지만 인간이기에 지극히 가능한 일입니다. 문제는 무기력에서 탈출하고자 하는 시도가 파괴적인 방식이라는 것과 그것이 불러올 결과이겠지요. 그리고 무엇보다 미희 씨 사례가 상징적으로 보여 주는 중요한 지점은 쾌락의 생산 방식이 전적으로 타자 의존적이라는 것입니다. 오로지 외부의 사건과 사고를 통해 삶의 흥분과 분노 혹은 카타르시스를 시도하고 있는 것이니까요. 사랑에 빠지는 것도 우리의 어떤 충동이 휩쓸고 지나가는 것에 우리 자신을 내맡기면서 일어나지요. 스스로가 자신의 삶의 만족과 쾌락을 만들어 가는 것은 꽤 어렵고 지난해 보입니다.

한 가지 더 흥미로운 점은 남편의 그런 만취 사건이 일어난 시점입니다. 어쩌면 그의 무의식은 아내를 무기력으로부터 구해내고 싶었을까요? 역설적이게도, 그가 아내를 진심으로 사랑하고 있었던 것일까요?

▶ 나를 위해 고통의 사슬을 끊다

실제로 외도의 흔적이나 의심이 갈 만한 상황에서 여성들은 집요한 사고에 휩싸여 말로도 다 할 수 없는 고통을 겪습니다. 실제적인 남편의 외도로 끔찍한 고통을 경험하는 많은 여성들이 집요하게 남편을 물고 늘어지기도 하고 스스로 마지막까지 확인하고 싶어 합니다. 무의식의 차원에서는 외도가 분명한 것을 알지만 의식의 차원에서는 그 모든 의심과 증거를 넘어 그것이 사실이 아니라는 것을 확인하고 싶어 합니다.

그러면서도 실제로 외도하고 있는 남편이 온갖 알리바이를 말해도 결국 믿지 않지요.

여기서 남성과 여성의 차이가 드러나기도 합니다. 남성은 아내나 파트너의 외도를 의심하는 경우 그것이 진짜일까 봐 확인하려고 하지 않는 경우가 많습니다. 두 경우 모두 실제적인 서로의 외도를 무의식적으로는 알고 있습니다. 그것을 의식의 차원에서 방어하거나 대하는 방식이 다를 뿐이지요.

사실 외도라는 것은 '상징계가 만들어 놓은 질서로부터 이탈하는 나쁜 것'이라는 사회의 합의에 의해 받는 상처이기도 합니다. 한 사람이 오직 한 사람만을 사랑해야 한다는 당위성도 인간적이기보다는 만들어 놓은 규칙입니다. 문화권마다, 시대를 거쳐 외도를 바라보는 방식이 달라져 왔으니까요. 그렇다고 결코 외도가 자연스럽다거나 정당하다고 여겨 그에 동의하는 것은 아닙니다. 오히려 각자 자신만의 기준과 시선이 필요하지요. 결혼과 가족에 대한 절대적인 기준은 우리를 오히려 더 강력한 위반에 대한 충동으로 이끌어 갈 수 있다고 여길 뿐입니다.

세계의 부성적 질서인 결혼과 가족의 절대성이 조금은 더 유연해지고 가벼워지면 좋겠습니다. 한 대상만을 절대적으로 사랑하는 일은 아름다울 수 있지만 정신 분석의 시선에서 보면 꽤 도착적이기도 합니다. 두 사람이 서로의 관계를 지키고 서로에 대한 충실성을 유지해 나가기 위한 끝없는 탐색을 이어 나가는 것은 온전히 두 사람만의 몫입니다. 하지만 '부부니까, 기혼자이니까, 가족이니까'라는 절대적인 명제로 의미를 고정해 놓고 그 이후에 일어나는 일에 대해 폐쇄적인 태도를 지니는 것은 우리 자신을 더 큰 고통으로 몰아넣을 수밖에 없습니다.

사람들은 안정을 꿈꾸지만 안정이 주는 딜레마는 쾌락의 부재로 이어질 수 있습니다. 삶에서 쾌락이 없다는 것은 크나큰 재앙이니까요. 쾌락은 먹고 즐기고 마시는 등의 유쾌하거나 즐거운 상태만을 말하는 것이 아닙니다. 에너지의 흥분이고 자극과 반응 같은 역동성이지요.

프로이트는 인간의 현실원칙을 고통을 피하고 안정을 유지하려는 항상성으로 말했습니다. 인간은 보수적으로 안정을 유지하고자 한다는 것이지요. 그 안정성을 확보하고자 일생을 달리기도 합니다. 하지만 우리가 결코 간과해서는 안 되는 한 가지는 안정을 유지하고자 하는 행보들 사이사이에서 무의식적으로 즐기고 있는 쾌락입니다. 내가 어떤 쾌락을, 즉 고통을 어떤 방식으로 즐기고 있는지가 중요합니다. 아이러니하지만 그 쾌락은 반드시 고통과 오인을 불러올 테니까요.

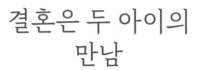

결혼은 두 아이의
만남

"아이로서의 요구를 하면서 상대는 어른이길 바랄 때 갈등과 고통은 증폭된다.
실상은 두 사람 모두 아이이기 때문이다."

남성들이 흔히 하는 말 중에 "처자식을 먹여 살리려고, 가정을 책임지

느라고 바깥으로 돌 수밖에 없는데 그것도 이해 못하느냐"라는 것이 있

지요. 그 말이 틀리지도 않지만 맞지도 않습니다.

상담실을 찾은 남성에게 간혹 묻고는 합니다.

"책임질 가정이 없었다면 그 일을 하지 않았을까요?"

남성에게 위와 같이 질문하는 이유는 아내나 가정을 우선시하라는 이

야기가 결코 아닙니다. 당연한 이유 뒤로 숨지 않고 우리 자신에게 좀

더 접근하자는 이유에서입니다. 여성이 아이들 뒤로 숨으며 자신의 삶을 포기하지 않고, 남성이 가장의 책임과 일 뒤로 숨지 않고 관계에 직면할 수만 있다면 충분히 운이 좋은 삶입니다. 관계 안에서, 나 자신과 좀 더 깊이 접촉하며 성숙할 수 있는 기회가 되기도 할 테니까요.

남성은 관계보다는 자신에게, 내적인 자신이 아니라 일과 자신을 동일시하며 그것에 몰두하기 더 용이한 사회적 위치에 있기도 합니다. 남성은 아내나 여성, 아이들을 포함해서 자신을 포기하지 않아도 되는 알리바이는 언제나 성공하는 듯 보입니다. 그래서 상징적이고 당위적인 이유 아래 매일 삶에서 우선순위로 선택하는 것이 아내나 아이들과의 관계보다는 일과 자신이 되기도 하지요.

가족을 더 우선순위에 두고 가족에게 집중해달라고 요구하는 아내 앞에서 남편은 끊임없이 사회적 엄중함을 설득하고, 아내는 그런 남편에게 겪는 좌절과 소외를 아이들을 통해서 다시 한 번 더 보상받고 상쇄하려고 합니다. 이 모든 것은 자신의 존재를 점점 더 소외시킬 뿐입니다.

▶ 두 아이가 만나 한 가정을 이루다

아내와 남편이 서로를 아이처럼 바라볼 수 있다면 좋겠습니다. 두 아이가 서로에게 연민을 느끼고 의지도 하고 서로를 보호하기도 하면서 상대방의 아이스러움을 사랑스러워할 수 있는 관계들도 봅니다. 그런 커플들은 관계가 상당히 원만해 보입니다. 서로의 아이가 보이는 순간은 어른의 시선이 될 수도 있기 때문이지요.

내가 무의식적인 아이로서의 요구를 하면서 상대는 어른이길 바랄 때 갈등과 고통은 증폭됩니다. 실상은 두 사람 모두 아이이기 때문이지요. 완전한 보호와 돌봄과 같은 여성이 가진 환상, (그것이 아버지를 향한 것이든 엄마를 향한 것이든) 그 못다 한 요구가 남편에게 향할 때, 실상 똑같은 아이 상태의 남성이 그 요구를 제대로 충족시키지 못할 때에 심한 좌절과 상처, 극심함 갈등과 고통에 노출됩니다. 그것은 반대의 경우도 마찬가지이지요. 서로가 가진 사회적 역할을 내세우며 그에 대한 책임을 이유로 요구를 멈출 수 없다면, 만족스러운 미래는 기대하기 어렵습니다. 결국 나 자신으로, 오직 나 자신에 대한 집중으로 돌아가야만 하는 이유이지요.

상희 씨는 결혼하고부터 집안에서 어린 아들하고만 소통하며 남편과는 거의 단절된 채로 살아갑니다. 남편이 집안일도 짬짬이 도와주지만 일상의 기능적인 대화 이상은 서로 나누지를 않습니다. 일상을 반복적으로 살아가다가 이대로 살아가는 것이 무슨 의미가 있을까, 이렇게 그냥 살아가도 괜찮을까를 의문하며 상담실을 찾았습니다.

상희 씨가 남편을 처음 만났을 때 그는 이제까지 만났던 연인들과는 달리 과묵하고 어른스러웠습니다. 그 모습이 좋아 기대고 살아가도 되겠다고 마음먹고 결혼을 결심했다고 합니다. 결혼해서 남편은 크게 화를 내거나 아내인 상희 씨에게 무리한 요구를 하는 일도 별로 없었지만 친밀감도 느껴지지 않아 답답해했습니다. 조금 정서적인 이야기라도 할라치면 불편한 기색을 드러내며 잠자리에 들어 버리는 남편에 대한 서운함과 원망도 쌓이는 줄도 모른 채 쌓였습니다.

그런 남편에게 특이한 점은 시어머니에게도 싫은 소리나 거절을 전혀 하지 못한다는 것입니다. 시댁에서도 무리한 요구를 하지는 않았지만, 어머니 전화나 요청에 상희 씨가 불편한 기색을 드러내면, 남편은 쩔쩔 매며 어쩔 줄 몰라 하고, 그 모습에 상희 씨는 더 답답해졌습니다. 상담 과정에서 남편이 어머니를 가여워하고, 서운하게 해 드리는 것에 심한 죄책감을 느끼고 있음을 알게 되었습니다. 그렇다고 남편은 상희 씨에게 시댁에 더 친밀하게 하라고 요구조차 하지 못하고, 그저 불편한 상황이 오면 피하려고만 했습니다.

어느 날 상희 씨가 이대로 사는 것이 무슨 의미가 있느냐고 남편에게 헤어지자고 말했습니다. 그러자 이제껏 크게 화내지 않던 남편이 불같이 화를 내며 자리를 피해 버렸습니다. 상희 씨도 갈등을 끝까지 붙들고 가기가 힘들고 두려워 거기서 멈추었고 일상은 또 똑같은 반복으로 들어갔습니다.

남편도 남편이지만 상희 씨가 갈등을 지속하지 못하는 이유는 무엇이었을까요? 어린시절부터 주장이 너무도 강한 어머니 아래서 눈에 띄지 않게, 혼나지 않게 소리 없이 지내는 것에 상희 씨는 익숙해져 있습니다. 남편은 시어머니가 유일하게 낙으로 삼는 아들이었다고 합니다. 좋은 학교를 졸업하고 좋은 회사에도 취업했지만, 부모님과의 관계에서 자신의 목소리를 내는 일이 상희 씨만큼 어려운 사람이었습니다.

두 사람이 묘하게 닮은 구석이 있다는 것을 분석 과정에서 알게 되었습니다. 상희 씨는 남편과 소통이 되지 않으면서 이전에 불편을 느꼈던 친정어머니와 오히려 가까이 소통하게 되었고, 남편도 상희 씨 몰래 시어머니와 전화나 문자를 주고받으며 아들의 자리를 유지했습니다. 결혼을 해서 원 가족에서 떨어져 나와 두 사람만의 가정을 이루었는데 여전히 상희 씨도 남편도 어머니의 딸, 아들로만 위치해 있었습니다.

부부 관계가 아이들을 키우는 동맹 관계 이상의 의미가 느껴지지 않기도 합니다. 상희 씨가 이대로는 안 될 것 같아 출구를 찾으려고 자신에 대한 탐색을 시작했을 때, 상희 씨를 옴짝하지 못하게 하는 것은 무력감이었습니다. 자신의 힘으로 새로운 일을 할 용기도 나지 않았고 지원을 받고 있는 친정을 거절하는 것조차 엄두가 나질 않았습니다. 무력한 어린아이 두 명이 한 울타리 안에서 자신들보다 작은 아이들을 돌보며 살고 있는 것 같습니다.

▶ 혼자서는 살 수는 없다는 두려움

남성들은 아내와의 관계에 문제가 생기더라도 혼자만의 놀이, 일에 열중하며 그 문제를 회피하거나 무감하게 받아들이는 경우가 많습니다. 친구들과 무리지어 놀기도 하지만 혼자 놀 장난감만 있으면 시간 가는 줄도 모르는 소년들처럼, 남성들은 관계에 집중하기보다 혼자 놀이에 집중하는 것을 크게 어려워하지 않는 경우도 많습니다. 다만 그들이 아내나 가족과 함께 놀려고 하지 않는 것이 문제가 되겠지요.

아내가 원하는 것은 뭐든 허용하고 들어 주고 다정하지만 제발 자신을 건드리지만 말아 달라는 소년들도 있지요. 엄마의 보살핌을 받듯, 아내의 손길과 돌봄을 당연히 생각하는 소년들도 있습니다. 그런 소년들 곁에서 무력감과 좌절을 겪는 여성들이 많습니다. 관계에 집중하는 여성들로서는 남편과의 관계가 만족스럽지 않을 때 삶의 의미를 상실하기도 하지요.

하지만 이렇게 온통 관계에 집중하는 여성들만 있는 것은 아닙니다. 여성을 무기력하게 하는 많은 것들 중에서 남성 혹은 사랑하는 대상이 아닌 그저 남편의 위치, 그 역할만을 유지해 줄 사람을 필요로 하는 경우가 그렇지요. 애정이 아닌 서로가 가진 조건에 따른 결합이 충분히 가능한 이유이기도 합니다. 기능적인 관계 이상은 아닌 것이지요. 내가 상대와 접촉하고 사랑을 느끼는지, 좋은지 싫은지에는 관심이 없고 오직 삶을 살아 내는데 남편이라는 역할을 해 줄 사람이 필요할 뿐입니다.

혼자서는 살 수 없다는 두려움과 공포, 실제로 경제적인 감수를 남편보다 더 많이 해내는 자원을 가진 여성들도 자신들이 가진 실제적인 자원은 관심의 영역이 아닙니다. 내게 누군가 기댈 의지처나 울타리, 표면적으로 구멍이나 결핍이 드러나지 않는 부부라는 형태를 유지하는 것이 더 중요합니다. 여성은 남성을 남편 역할을 해내는 수단으로 이용하고 남성은 여성을 자신의 안정과 울타리를 메우는 수단으로 사용하는 일도 적지 않으니까요.

결혼의 형태를 유지하든, 혼자서 살아가든, 아니면 싱글 맘이든, 그 형태가 어떤 유형이든, 나의 존재와 관계 맺는 주요한 대상들에 대한 근본적인 질문을 멈추지 않는 것이 우리 자신과 타인에 대한 가장 윤리적인 태도입니다. 그 질문과 의문의 과정에서 일어나는 불안과 혼란을 기꺼이 겪고, 사색을 멈추지 않을 때, 오직 나만이 가질 수 있는 삶과 나에 대한 지식이 쌓입니다. 그렇게 쌓인 지식은 체화되어 나라는 사람의 색으로 다시 발화됩니다.

▶ 심리적 탯줄을 끊지 못한 어른

정신 분석을 본격적으로 공부하면서 인상적으로 다가온 말이 있습니다. 바로 '심리적 탯줄'입니다. 외현적으로는 어른이 되고 직업도 가지고 아이들까지 낳아 번듯한 가정생활을 하는 사람들이 다수지만, 내적으로 는 자라지 못한 아이 상태의 어른들이 많다는 것이지요.

어머니와 연결된 물리적인 탯줄은 아이가 출생하면 의사나 가족이 잘 라 주지만 심리적인 탯줄은 일생 동안 유지되는 경우도 많습니다. 모두 그럴듯한 사회적 옷을 입고 드러나지 않을 뿐이지 이유(離乳)가 되지 않 은 관계가, 잘 되어 있는 관계보다 더 일반적이라는 말입니다. 물리적인 탯줄은 의사나 보호자가 끊어 주지만 심리적인 탯줄은 부모 쪽에서 결 코 끊으려 하지 않는다는 것이지요. 더 나아가 그 탯줄이 끊어지지 않도 록 단단히 붙들고 놓지 않으려고 하는 부모도 참 많습니다. 이 심리적인 탯줄은 오직 자기 자신만이 끊을 수 있습니다.

종종 상담실에서 내담자들이 이렇게 말합니다.

"저는 이 관계를, 지금의 이 상태를 의심 없이 믿고 살았어요."

이 말은 다시 이렇게 번역할 수 있습니다.

"저는 어린아이 상태에서 한 발짝도 나오지 못하고 있었어요."

부모에게 정신적으로 지배된 상태에서 또 다른 아이를 만나 내 부모와의 관계를 상대에게 투사하며 살아가는 이상 어른이 될 수는 없습니다. 어른이 되지 못한 부모는 다시 자녀와 갈등하고 고통은 반복적으로 양산이 되지요.

지금의 당신은 심리적인 탯줄을 끊고 새로운 관계 안으로 들어가 있는 중인가요? 아니면 아직 그 탯줄에 묶여 몸만 어른이 되어 있는 상태인가요?

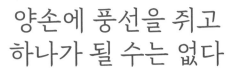

양손에 풍선을 쥐고
하나가 될 수는 없다

"양손에 풍선을 그대로 쥐고 서로의 손을 잡으려니
문제가 생길 수밖에 없다."

오래전 제가 수도원에서 수련을 받고 있을 때, 남동생이 결혼할 여자 친구를 면회하는 날에 데려온 적이 있습니다. 이전부터 알고 지냈지만, 막상 결혼을 결정하고 인사하러 온 남동생과 지금의 올케의 모습은 사뭇 다르게 느껴졌지요.

수도원 앞마당에서 함께 식사를 하던 중에 남동생이 무심코 자신의 여자 친구를 챙겨 주는 모습이 매우 자연스럽고 당연하게 생각되면서도 묘한 상실감이 일었습니다. '이제까지는 우리 가족의 일원으로서만 동생을 바라보았는데 이제는 다른 사람에게 속하는 사람이 되는구나'라는 왠지 쓸쓸하고 슬픈 감정이 올라오면서 서운한 마음이 들었지요. 마

남편을 버려야 내가 산다

음 한 컨에 휑 하니 구멍이 생기는 느낌이 들었습니다.

제 마음속에는 동생이 아주 어린 시절부터 매일 같이 놀던 단짝 친구로만 남아 있었던 모양입니다. 그때 이런 생각이 머릿속을 스쳐 갔습니다. '내가 이런 마음이 드는데, 아들을 결혼시키는 어머니들의 상실감은 대단하겠구나' 그런데 더 중요한 문제는 그 상실과 서운함을 받아들이는 태도에서 발생합니다.

▶ 자식을 놓지 못하는 어머니

실상 품 안의 자식을 내어놓는 어머니들이 그다지 많지는 않습니다. 자녀를 키우고 성장시키면서 반드시 일어나는 상실을 표면적으로는 받아들이는 듯 하지만 마음으로는 수용하지 못할 때 온갖 갈등이 그 틈을 비집고 발화되지요. 서로가 서로의 상실을 인지하고 기다리기도 하고 또 한편으로는 서로를 견뎌야겠지만 생각처럼 쉽지 않은 것이 감정의 영역이기도 합니다.

불편함과 서운함, 갈등들이 일어날 때 스스로의 감정과 상태로 돌아가 그것을 돌보려고 하는 시도보다는 새로운 가족의 결점을 찾아내고 흠결을 잡아 상실에 대한 감정적인 앙갚음을 서슴지 않는 것이 결혼 과정에서 일어나는 일이기도 합니다.

여성과 남성이 상실을 받아들이는 방식과 그 방식을 발화하는 방식은 매우 다른 듯합니다. 저의 전작에서는 딸과 엄마의 감정적인 유착, 엄마의 욕망이 딸을 삼키는 이야기를 주로 했습니다. 엄마와 아들은 그보다 더 강력한 감정적 유대로 이어져 있지만 아들의 성향에 따라 그것이 외부로 발화되지 않는 경우도 많습니다. 남성은 갈등 관계가 일어나면 그것에 집중하고 그것을 해결하기 위해 몸부림치기보다 사회생활이나 다른 곳으로 시선을 옮겨 회피하는 경우가 더 많으니까요. 아들이 결혼을 하고 아내에게 집중하면서 생겨나는 어머니의 서운함은 아들과의 갈등이 아닌 며느리와의 갈등으로 옮겨 붙는 것이 훨씬 일반적이지요.

남성은 갈등 관계에서 빠져나가기를 잘한다면 여성은 삼각관계 안에서의 일종의 게임을 즐깁니다. 여기서 즐김은 좋아서 '즐긴다'는 의미가 아니라 정신 분석적인 입장에서 증상적인 즐김을 이야기합니다. 증상적인 즐김이란 상당한 고통을 수반하면서도 멈추지 못하고 반복한다는 것을 의미합니다.

▶ 떠나오지 못한 소속

기숙 씨는 오랜 연애 끝에 결혼했습니다. 6년간의 연애 끝에 한 결혼이라 양가 가족들도 한 가족처럼 이미 서로를 받아들인 듯했고 결혼하

남편을 버려야 내가 산다

는 것을 으레 거치는 통과 의례쯤으로 여기며 자연스럽게 치렀습니다. 결혼 과정에서 일어나는 사소한 마찰들이 있었지만 서로의 부모님들과 알아 온 시간도 적지 않았던 만큼 양보도 하고 배려도 하며 무사히 두 사람만의 생활이 시작되는 듯했지요.

문제는 결혼한 이후 본격적인 두 사람만의 울타리 생활이 시작되면서부터였습니다. 시어머니는 그간 표면화하지 않았던 '가풍'이라는 이유로 기숙 씨에게 아들의 아내로서 해야 하는 요구들이 생기기 시작했습니다. 주 1, 2회의 전화 요구와 주말에는 시댁을 방문하기를 원했습니다. 처음에는 기숙씨도 한 가족이 되고 싶은 진심을 가지고 열심을 다했지만 점점 시어머니의 늘어나는 요구가 불편해지기 시작했습니다. 별것 아닌 것 같은 가족으로서 그쯤은 당연히 치를 수 있는 의무나 도리처럼 여겨질 수도 있지만, 다른 누군가에게는 그것이 어려운 일일 수도 있지요.

기숙 씨가 여느 부부처럼 불편에 대한 이야기를 하면 남편이 중재를 하기도 했지만 어느 순간부터 남편도 불편한 기색을 드러내기 시작했지요. 기숙씨는 점점 화가 나는 것을 참기 어려워졌습니다. 굳이 그렇게 하고 싶지 않지만 자꾸 비교하게 되는 것이었지요. '남편은 친정에 전화 한 통도 하지 않고, 오히려 친정 부모님은 사위가 바빠서 전화하지 않겠거니 하고 넘기는데, 왜 효도는 나만 해야 하는 건가' 하는 부당함들이 차오르기 시작했습니다.

참 이상한 현상이라고 우리는 한 번쯤 생각해 보아야 할 듯합니다. 아직도 가부장적인 한국 사회는 도리와 의무라는 유교적인 아름다운 프레임을 자신들의 욕망과 욕구를 채우는 것에 매우 노련하게 사용하는 듯하니 말입니다. 같은 여성인 어머니가 딸과 사위에게 요구하는 것이 사뭇 다르다는 점은 유의미하고 웃픈 일이지요.

물론 자로 잰 듯이 계산해서 양가에 똑같은 노력과 정성을 들여야 한다는 말은 아닙니다. 결혼을 한 부부가 가장 많은 에너지의 중심이 본인들의 삶을 중심으로 꾸려지는 것이 아니라 서로의 부모에게 어떻게 하고 있느냐에 있다는 것이 문제라고 할 수 있습니다. 사랑의 이름으로요.

시어머니는 수시로 요구를 바꿨고 기숙 씨가 어떻게 해도 불만족스러워 하며 아들에게 수시로 전화해 못마땅함을 토로하기도 했습니다. 기숙 씨는 그런 일로 남편과 다투는 일이 늘어나면서 어느 순간에는 의견을 조율하고 감정을 드러내 소통하는 일조차 포기하게 되었습니다.

▶ 두려운 아들의 마음

기숙 씨의 남편은 점점 심화되는 두 여인의 갈등과 신경전으로부터 퇴각하고 싶어 했습니다. 어느 날 기숙 씨가 우연히 들은 남편과 시어머니의 전화 통화에서 들려오는 어머니의 음성은 마치 연인에게 절규하

남편을 버려야 내가 산다

는 것처럼 들렸다고 합니다. 손에 쥔 아들이 날아갈까 봐, 내가 쥐고 있다고 믿었던 아들과의 끈이 혹여라도 끊어질까 봐 울부짖는 여인의 소리로 들렸다는 것입니다.

그 갈등에서 남편은 어느 쪽도 선택하지 못한 채 자신의 동굴로 들어가 버렸고, 바깥일에 몰두하고 집에서는 일상적인 소통만 할 뿐이었습니다. 그럴수록 기숙 씨의 절망은 더 깊어졌지요. 내가 일생 의지하고 믿고 살겠다고 선택한 남자가 이토록 무심하고 소통이 되지 않는 사람이었다는 데 절망했고, 꿈꾸던 결혼생활이 아닌 지옥 같은 갈등 상황에 또 한 번 절망했습니다. 내가 착한 며느리가 아니어서 이런 상황이 벌어진 것 같아 죄책감도 들었지만 그렇다고 어머니가 요구하는 대로 모든 생활의 중심과 초점을 시어머니나 시댁에 맞출 수도 없는 노릇이었습니다. 그럴수록 기숙 씨는 더 친정어머니에게 정서적으로 기대고 싶어졌습니다.

결혼 전보다 오히려 더 친정을 찾고, 매일같이 친정어머니와 통화를 했습니다. 결혼하면 좀 더 독립적으로 두 사람만의 가정을 꾸리고 행복해질 줄 알았는데 결혼 전보다 더 못한 상태가 된 것이지요. 무엇이 문제였을까요? 기숙 씨를 집요하게 물고 늘어지며 아들은 내놓지 못하는 시어머니의 욕망 때문일까요? 아니면 딸의 고통에 좀 더 적극적으로 개입해서 사위를 나무라지 못하고 바깥일 하는 남자는 다 그렇다며 그저 딸의 넋두리만 듣던 친정어머니의 소극적인 태도 때문일까요?

한 가지, 여성들이 간과하는 것이 있습니다. 결혼 후 고부 갈등이나 장서 갈등이 벌어지면 남성은 무심하다기보다 두려워한다는 사실입니다. 남성들은 자신의 어머니와 분리되는 과정에서 겪는 불편을 여성들보다 훨씬 두려워하는 것입니다. 결코 일반화해서 이야기할 수는 없습니다만, 비교적 남성들이 본인들의 어머니에 대해 가지고 있는 심리적인 상태는 딸들이 엄마에게 가지는 애증과는 다소 다릅니다. 그들은 어머니를 거절하거나 불편하게 하는 것을 두려워하지만 그것이 두려움이라는 사실을 자각하지 못하는 경우가 많습니다. 단지 불편한 것이 싫고 마찰을 피하고만 싶다고 느끼는 경우가 많지요.

그리고 일이라는 강력한 도피의 공간이 있다는 것도 한몫합니다. 물론 아들이 엄마와 일정 거리를 두고 자신이 새롭게 일군 가족에게 집중하기까지 시간이 걸리지만 해내는 경우도 많이 있습니다. 하지만 단순한 정서적인 분리의 문제가 아니라 경제적인 문제도 함께 얽혀 그리 간단한 문제가 아닌 경우가 더 많으니까요.

▶ 꼬인 매듭과 같은 부모 자식의 관계

새로운 가정이 시작되면 이전 가족과의 관계에서 필연적으로 상실이 일어납니다. 실재는 상실이 일어나고 있는데, 우리는 그 누구도 그 상실

남편을 버려야 내가 산다

을 수용하고 마음으로 허용하려고 하지는 않는 듯 보입니다. 상처가 일어나는 것이니까요. 관계의 변화들이 일어나고 있는데 변화된 위치에서 오는 서운함과 상실감을 부모도 견디고 겪으려고 하기보다는, 내 아들이 내 딸이 변했다고 이전의 것을 요구합니다.

위치가 바뀌면 변하는 것은 당연한 일입니다. 각자의 위치가 달라졌는데 이전과 같지 않다고 원망하고 혹은 이전보다 더 강력한 결속을 원하는 것은 서로의 환경과 위치가 어떠하든 결코 나는 아무것도 상실하지 않겠다는 태도입니다.

자식도 그 상실에서 오는 상처와 대면하기 두려워하며 어떻게든 좋은 게 좋은 것으로, 또 자식된 도리에 묶이다 보니, 꼬여 가는 매듭을 푸는 일이 갈수록 어려워지지요. 연인이 서로를 바라보며 한 길을 가겠다고 결심할 때, 우선 자신들이 양손에 쥐고 있었던 부모라는 풍선을 놓아야 서로의 손을 잡을 수 있습니다. 그러나 이것을 자각하고 새로운 출발을 시작하기는 쉽지 않아 보입니다. '가족'이라는 강력한 명분에 가로막혀서 말이지요.

양손에 풍선을 그대로 쥐고 서로의 손을 잡으려니 문제가 생길 수밖에 없습니다. 새로운 가정이 생겨나면서 일어나는 갈등을 두려워하거나 피할 수는 없습니다. 갈등을 지혜롭게 해결하고 원만한 거리두기를 원하지만 그것도 하나의 이상적인 해결을 바라는, 고통을 겪고 싶지 않은 상(像)에 불과합니다.

먼저 이 결혼생활을 유지하기를 원한다면 기숙 씨가 남편과의 관계를 좀 더 깊이 들여다보고 서로의 역사를 이해하려는 노력이 필요합니다. 알아서 내 마음을 알아주기를 기대하고 좌절하기보다 좀 더 적극적으로 남편과 대화하기 위한 방법을 찾기로 했습니다.

자신의 상태를 조금씩 알리고 기숙 씨가 받고 있는 개인 분석을 이야기하고 남편에게 부부 상담을 받기를 제안하기도 했습니다. 물론 개인 분석 중에 남편의 상태를 간접적으로나마 객관적으로 이해하고 인지하게 되기도 했지요. 부모는 우리 모두에게 사랑의 대상이면서도 가장 강력히 넘어야 할 벽이기도 합니다.

▶ 내 삶을 위해 놓아야 하는 풍선

사랑하는 사람이 생겼으니 당연히 결혼해서 아이를 낳고 사는 일이 평범한 일이라고 우리는 학습한 것뿐입니다. 남들이 다 하니까요. 결혼에 앞서 서로를 탐색하는 것도 중요하지만 나는 왜 결혼하고 싶은지, 결혼하면 어떻게 살고 싶은지, 그것이 무엇을 의미하는지를 진지하게 고민했는지를 처음으로 돌아가 다시 질문해야 합니다.

평범과 보통의 삶이라는 것도 문화나 사회적 상황과 긴밀하게 연결되

남편을 버려야 내가 산다

었으며, 우리의 모든 생각과 이상적인 삶에 대한 이미지들도 학습한 결과입니다. 그 학습한 대로 삶에서 느끼는 행복과 기쁨이 주어지지 않는다는 것이 문제이지요. 그 문제에는 당연하게 생각하고 행복이라고 여기는 것에 대한 스스로의 의심과 질문이 없다는 것이 더 중요합니다. 그 질문의 때는 언제고 늦지 않았습니다. 불안과 불만족의 자각이 일어나고 스스로의 감각에 불편이 느껴지는 그 어느 때고 늦은 때는 없습니다.

4장

여자, 나로
바로 선다는 것

\- 아내의 자립에 대하여

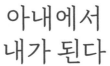

아내에서
내가 된다

"더 나은 선택, 옳은 선택은 존재하지 않는다.
그저 내가 한 선택을 옳게 만들어 갈 뿐이다."

신념과 자아가 강하다는 것은 부모나 주변의 주요한 인물들에게서 그만큼 영향을 많이 받았다는 말과도 같습니다. 자신의 주관적 신념이나 철학이 뚜렷하다는 것은 언어와 목소리의 지배에 더 강력하게 사로잡혀 있다는 다른 말이기도 합니다.

어느 날 상담실에 채홍 씨가 찾아왔습니다. 고교 졸업 후 대학 때부터 열심을 다해 살아왔고 남편과 아이들 또한 남부럽지 않게 지원하고 보살폈습니다. 채홍 씨는 타인이 부러워할 만한 전문직을 가졌고 남편은 경제적으로 아쉬운 것 없이 안락한 생활을 했습니다. 아이들에게 좋은 환경과 좋은 교육을 제공한 것도 물론입니다. 채홍 씨는 아이들에게 오만하지 않도록 겸손을 가르치고 약자에게 언제든 나누는 태도를 가져야 한다고 말했습니다. 더 나아가 행동으로 보여주기도 했지요.

하지만 시간이 갈수록 채홍 씨 자신은 채워지지 않는 외로움과 공허함으로 우울하고 힘겨웠습니다. 시간이 지나면서 생각지도 못한 순간에 감정적으로 격해지는 자신의 모습에 당황해서 상담실을 찾았던 것이지요. 이런 저런 고통에 시달리며 분석을 받기 위해 오시는 분들과는 또 다른 채홍 씨의 이야기를 귀기울여 들었습니다.

▶ 내 정체성을 살피는 일

채홍 씨는 반듯하고 성실하게, 어느 것 하나 허투루 생활하는 법이 없이 완벽한 삶을 살아 내고 싶었습니다. 거기에 더해 내적으로도 온건하고 너그러운 사람이 되고 싶었고, 아이들도 훌륭한 어른으로 자라도록 하고 싶었습니다. 모두가 지향하고 나아갈 방향처럼 보이는 채홍 씨의 삶은 어디에서부터 균열이 생긴 것일까요?

결론부터 이야기하면, 그 모든 기준과 성취가 내 것이 아니라 타자의 것이기 때문이었습니다. 라캉의 그 유명한 명제처럼 "내 욕망은 타자의 욕망"이었습니다. 아무리 채우고 성취해도 삶은 온전해질 수 없는 균열

　　　　　　　　　　　　　　남편을 버려야 내가 산다

과 구멍을 가지고 있습니다. 끝없이 일어나는 결핍은 오히려 그 구멍을 직면하지 않도록 은폐하지요. 욕망은 결핍의 요소만 제거하면 행복해질 것이라고 부추기고, 사회도 구멍을 은폐하는 정교한 장치들로 되어 있으니까요. 열심히 메우고 가꾸고 채우며 구멍을 은폐하지만 어느 순간 어떠한 계기로든 그것은 출현합니다.

채홍 씨가 상담실을 찾은 것도 사실은 자신의 감정 조절 능력만 보완하면 더욱 온전해질 것이라는 열망, 더 완전한 행복에 이르고 싶은 욕망에서였습니다.

아쉬운 것은 없는데 무언가 마뜩지 않습니다. 채홍 씨는 40대 중반의 여성으로 아름다움을 유지하기 위해 과하지 않은 성형의 도움을 받으며 가꾸고 있습니다. 명상이나 요가 등으로 몸도 가꾸어, 입고 싶은 옷은 주저 없이 입을 수 있지요. 채홍 씨가 지금 가지고 있는 것에 감사하면서도 메울 수 없는 공허를 느끼는 이유는 그녀가 갖고 있는 것의 기준이 '남들처럼', '남들과 비교해서'이기 때문입니다.

'보편성'이라는 것은 '세속적'이라는 말과 등치(等値) 될 수 있습니다. 주로 부정적인 의미로 세속이라는 말이 쓰이고 있지만 누구나 납득할 만한 보편적인 기준이라는 이야기이지요. 그래서 그런 세속적인 가치를 버리고 수도승처럼 살면 삶이 채워지고 무기력과 공허가 사라진다는 말이 아닙니다. 이미 타인들이 만들어 놓은 그 성취와 가진 것의 의미를 자신의 것으로 만들지 못했기 때문입니다. 가져도 가져도, 바람이 불 때

마다 어떤 것으로도 은폐할 수 없는 구멍들이 살아나는 것이지요.

그래서 고독해야 합니다. 고립이 아닌 고독은 어느 누구와 관계 안에 있더라도, 어떤 조건 속에 있더라도 그것과 자신의 경계가 분명히 지어질 수 있어야 합니다. 어떤 이름으로도, 어떤 조건에서도 그것과 자신의 정체성을 동일시하지 않을 수 있어야 한다는 말입니다.

▶ 진정한 변화는 수용에서부터

우리는 늘 좀 더 나은 삶을 꿈꿉니다. 많은 분이 지금의 나와는 다른 내가 되고 싶어 상담실을 찾습니다. 변화는 무엇일까요? 지독하게 내향형인 사람이 자신감이 충만해져서 멋진 외향형의 사람으로 거듭나는 드라마가 변화일까요? 그런 변화는 진정한 변화라고 보기 어렵습니다.

진짜 변화, 진정한 기적은 내향형이 외향형이 되는 드라마가 아니라 지금까지 자신의 내향적 성격과 소극적인 면들을 혐오하던 것을 뛰어넘어 그것을 사랑하는 데 있습니다. 그것을 사랑한다는 것은 스스로가 가진 면을 정신승리에 의해서 도취하고 마취하는 것이 아니라, 있는 그대로 자신의 모습을 수용하고 받아들인다는 의미입니다.

'있는 그대로'라는 말은 유행어처럼 혹은 경전처럼 회자되는 말입니다만, 그 의미가 제대로 이해되는 일은 드뭅니다. 걸어 내고 삭제하고 지워 없어서 새로운 것을 만드는 것이 아니라, 혹여 그것이 증상이라 할지라도 가지고 있는 고유한 것을 새로운 시선으로 바라볼 수 있는 의식의 변화가 진정한 변화입니다.

그래서 그 변화는 구조적인 변화이며 더 근본적이며 깊습니다. 그래서 더 많은 노력과 사유와 끊임없는 스스로와의 대화와 사투가 필요한 일이기도 합니다. 그럴듯한 해결책과 해결 중심의 여러 테크닉은 끝없이 쏟아져 나옵니다. 자신을 드라마틱한 변화로 이끄는 것은 꽤 그럴듯해 보이지만 실상은 다시 눈을 감는 것과 같습니다.

정신 분석은 사실 치료라고 보기는 어렵습니다. 증상 제거 의학이 아니기 때문이지요. 그보다는 무의식이라는 세계를 탐사하는 좀 더 인문학적인 시도입니다. 증상의 발현을 인과에 의해 이해하고, 증상을 제거하기 위한 접근이 아니라 더 본질적인 존재에 대한 질문, 한 존재가 증상을 통해 드러내고자 하는 존재의 개인적 진실과 진리에 대한 접근입니다. 어떠한 규정으로부터도 자유로울 수 있도록 끝없이 자신과 나누는 대화입니다. 그것을 치료와 치유의 차이, 더 나아가 치유가 아닌 회복으로 보고 싶습니다.

스스로를 사랑해야 한다는 이야기를 많은 전문가들이 설파하지요. 그런데 거울을 보고 '나는 아름다워, 그래 나는 괜찮아, 나는 할 수 있어'라고 하는 자기 최면이 자기를 사랑하는 일일까요? 그렇지 않습니다.

더 단순하게는 자신에게 좋은 가방이나 멋진 옷을 선물하며 스스로를 다독이기도 합니다. 그것들도 모두 좋습니다. 하지만 좀 더 본질적으로 보자면 그것은 그저 자본이 지배하는 명령에 복종하며 학습된 만족을 취하는 일에 다름 아니기도 합니다.

자신에게 주는 진정한 선물은 손에 잡히지 않는, 눈에 보이지 않는 변화들에 의해 이루어집니다. 나를 소중히 여긴다는 것이 내 눈을 멀게 하고 나를 마취시키는 일은 결코 아니기 때문이지요. 그래서 나로 살아가기로 마음먹는 일은 참으로 지난하지만 꼭 해볼 만한 일이라고 말하고 싶습니다.

▶ 자신의 선택을 믿고 나아가는 삶

많은 분들이 이렇게 묻습니다.

"선생님, 그럼 이제 어떻게 해야 하나요?"

어떻게 해야 할까요? 내가 지금껏 맺어 온 관계들이 사실은 환상에 근거하고 있었다는 사실을 깨닫고, 지금껏 알고 믿어 왔던 가족 간의 사랑이 실은 사랑을 가장한 부모의 욕망이었음을 깨닫고 알아차리면, 그것으로부터 떨어져 나와 자유로워져야 한다는 생각을 갖게 마련입니다.

가족과 단절하고 연을 끊고 배우자나 연인과 작별하는 것이 과거의 나로부터 걸어 나와 새로운 내가 되는 것일까요? 그런 방법도 있겠지만 실상 인연의 끈을 놓는다고 해서 무의식적으로 대물림되거나 계승되는 구조로부터 온전히 해방되는 것은 아닙니다. 진정한 변화는 과거의 나, 그간 나를 둘러싼 환상과 실재를 받아들이는 것부터 시작됩니다.

정답은 없습니다. 그저 과정 안에서 내가 답을 만들어 가는 것만이 존재할 뿐이지요. 사람들은 자꾸 더 나은 선택, 더 옳은 선택을 하려고 발버둥 칩니다. 그래서 신에게도 매달리고 전문가에게 매달리기도 합니다. 하지만 더 나은 선택, 옳은 선택은 존재하지 않습니다. 그저 내가 한 선택을 옳게 만들어 갈 뿐입니다.

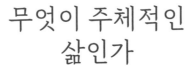

무엇이 주체적인
삶인가

"주체성은 상대가 섣부르게 나를 이해하지 않게 하고,
그들의 방식으로 나를 바라보도록 허용하지 않는 태도이다."

우리는 엄청나게 쏟아지는 의미의 폭격과 끝없이 생산되는 이미지의 쓰나미 속에서 살아갑니다. 부부는 모든 것을 공유하고, 함께할 수 있어야 하고 엄마는, 아내는, 여성은 어떠해야 주체적이며, 인간은 늘 성장하고 발전해야 제대로 살고 있다는 의미가 끝없이 생산됩니다. 외모는 어떤 모습이 아름답고, 가족은 모두 화목하고 오순도순 지낼 수 있을 때 온전하고 건강하며, 공간은 어느 정도를 소유해야 만족스러운 삶을 산다고 말합니다. 그런 삶을 완성시키기 위해 소모적으로 살아가기도 하지요.

그 기준은 결코 개별적이지도, 고유하지도 않습니다. 요즈음은 주체적인 삶이 또 각광받는 가치가 되어 있지요. 주체적인 삶조차도 마치 유행처럼 중요한 가치가 된 듯 보입니다. 예를 들어 과거에 이혼이 여성에게 수치라고 여겨졌다면 요즘은 좀 더 당당하게 표현하고 드러내는 시도가 환영받고 있지요. 이는 이혼이라는 똑같은 사건을 두고 사회적 구조와 환경이 달라졌음을 말합니다. 우리가 상식이고 보편적이라고 생각하는 많은 가치가 결코 절대적일 수 없음을, 결코 고정되어 있지 않음을 말하는 것입니다. 그래서 현재 내가 옳거나 그르다고 믿는 가치와 의미를 의심하는 태도를 말합니다.

▶ 주체성의 진짜 의미는 무엇일까

주체성은 개인의 주관적인 태도에서만 비롯되지 않고, 사회와 밀접하게 연결되어 있기도 합니다. 그런 무수한 가치와 의미, 기준으로부터 쉼없이 거리 두기를 시도하는 태도를 말합니다.

전문직에 있는 사람은 종종 그 직함이나 지위와 자신의 정체성을 동일시하며 온전히 주체로 살아간다고 착각합니다. 그러다가 지위와 전문성이 더 이상 가치를 발할 수 없어질 때도 여전히 주체적인 사람일 수 있을까요? 만약 그가 지위나 전문성에 의존했다면 그것이 사라짐과 함께 자신도 사라지게 됩니다. 그것은 주체적인 것과는 거리가 멉니다. 내가 어떤 상태로 있든, 어떤 일을 하든 그것과 나를 동일시하지 않고 그것이 없어도, 아무것도 아닌 내가 나로 있어도 무관할 때 인간은 가장 주체적일 수 있습니다.

결혼 후 한 번도 일을 쉬어 본 적이 없는 영은 씨에게, 어느 날 남편이 직장을 그만두고 싶다고 진지하게 고민을 털어놓았습니다. 전문직이었던 영은 씨가 오랜 공부 끝에 겨우 자리를 잡고 자신의 일에 몰입할 즈음이었습니다. 남편의 퇴사 이야기를 들은 영은 씨는 커다란 돌덩이가 하나 앞에 놓이는 느낌이었습니다. 그리고 며칠을 깊은 고민에 빠져들었습니다.

영은 씨는 남성의 50세 즈음한 나이가 어쩌면 자신의 삶을 바꿀 수 있는 마지막 변곡점일 수도 있는데, 그 기회를 가장이라는 이유로 가로막으면 안 된다고 생각했습니다. 거창하게 부부간의 사랑까지 운운하지 않고도 그저 십수 년을 함께 살아온 의리를 지키는 것이 남편에게 인간적인 도의를 다하는 것이 아닐까를 생각했습니다. 가장으로서의 남편이 아니라 동등한 생의 주기를 맞는 한 인간으로서 남편을 바라본 것이지요.

한편으로 영은 씨는 남편의 퇴사 여부와 상관없이 그런 중대한 고민과 결정의 무게를 자신에게 넘겨준 남편이 살짝 원망스럽기도 했다고 합니다. 그러다가 문득, 실제로 남들처럼 많이 가진 것도 아닌데, 무엇

남편을 버려야 내가 산다

인가 유지해야 한다는 것에 묶여 있는 의식을 발견했습니다. 그녀는 그 묶임이 안정과 현실이라는 알리바이를 제공하는 듯 하지만 실제 가진 것과 상관없이 마음이 가난해지지 않는 자신을 자각하는 것만으로도 가벼움을 경험했습니다.

그리고 남편에게 퇴사에 대한 동의를 전달했습니다. 남편이 하고 싶은 것을 해 보고 만약 어려움에 봉착한다면 편의점 아르바이트라도 하면 된다고 말했습니다. 그냥 하는 말이 아니라 정말로 자신이 그렇게 할 수 있다는 마음을 가지기까지 고뇌의 시간을 가졌습니다. 생활이 어려워지고 힘들어지면, 그때 가서 다시 고민하고 해결하기 위한 노력을 하면 되겠다고 생각했습니다. 그렇게 남편에게 이야기하고 나서 오히려 영은 씨 자신이 자유로워짐을 경험했습니다. 남편이 아닌 자신에게 하는 말과도 같았으니까요. 그리고 남편에게는 이렇게 말했습니다.

"우리가 할 수 있는 최선만을 하자. 무엇을 악착같이 유지하려고도 하지 말고 그때그때 할 수 있는 최선을 하다 보면 또 뭐가 되겠지. 그 속에서 아이도 자신이 살아남는 법을 터득할 테고."

미래의 모호함과 불투명성에 대해 얼마나 계획적이고 체계적으로 준비하고 노후까지 잘 설계해 놓았는지에 따라 잘 살아내고 있다는 자부심을 줍니다. 그런데 준비와 설계는 아무리 해도 완전할 수가 없고 돈은 아무리 모아도 부족합니다. '조금 더, 조금 더 해 보자'라며 사람의 생각을 지배하지요.

제가 생각하는 건강한 삶은 모호한 불투명성에 대해 마음을 열 수 있는 삶의 태도를 말합니다. 그 모호함 안에서 행복이 일어날지, 불행이 일어날지 알 수 없지만 어떤 것이 도래해도 내 삶으로 맞아들이겠다는 마음이 강한 마음이겠지요. 나는 힘들어지면 안 되고 불행해지면 안 된다는 신념은 유아의 나르시시즘적 환상이기도 하니까요. 삶에 대해 열려 있는 태도는 오히려 적극적으로 살 수 있는 여유를 줍니다. 여유로움 안에서 어떤 일이 생길지 기다리는 것이 진정한 쾌락이 아닐까요?

▶ 나를 종교로 만들지 않는 일

우리 의식 안에는 미세하고 정교한 계급과 계단이 있지요. 조금이라도 아래로 내려가는 일은 마치 삶의 실패와 좌절인 것처럼 느껴집니다. 나 자신으로부터, 삶으로부터 거리를 둔다는 것은 그런 계단과 계층에 고정되지 않고 자신의 위치를 어디로든 옮길 수 있는 수평적인 태도를 말합니다. 사회적으로 호명된 이름 안에 자신을 가두고 그 이름에 의존하며 오직 이름과 역할 속에서 소속감을 찾으며 그것을 정체성, 주체성이라고 오인하지 않기를 바랍니다. 주체적이라는 것은 자기 주장을 확고히 밀고 나가며 자신의 선택의 정당성을 믿고 의심하지 않는 상태를 말하는 것이 아닙니다. 모든 것을 스스로 결정하고 그 결정의 정당성에 절대성을 부여한다면, 그것은 스스로를 종교로 만드는 일입니다. 주체적이라는 것은 백조가 물 아래서 쉼 없는 물장구를 치듯 자신을 둘러싼 현실적인 의미와 당위성에 끊임없이 의문하고 고정관념에 고정되어 있지 않은 태도를 말합니다.

주체적인 사람이란 나는 왜, 이곳에서 이렇게 있는지를 끊임없이 묻는 자를 말합니다. 어느 누구도 나를 규정할 수 있는 언어 권력을 허용하지 않는 태도를 말합니다. 섣부른 심리학적 기준과 증상의 이름으로 상대가 나를 이해하지 않게 하고, 또 그들이 그런 방식으로 나를 바라보도록 허용하지 않는 태도입니다.

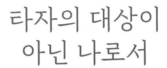

타자의 대상이
아닌 나로서

"타인을 향한 돌봄과 헌신은 돌려받아야 할 무엇이기보다
그 자체로 온전히 타인을 위한 것일 때 사랑이 될 수 있다."

여자에게 '가진다'라는 의미는 무엇일까요? 대리언 리더는 자신의 책
《여자에겐 보내지 않은 편지가 있다》에서 여성의 고독은 '아버지와 함
께 있지 않음'이고, '함께 있지 않음'이 그 자체로 주체의 파트너라고 말
합니다. 오이디푸스적 관점에서 여성이 고독한 것은 아버지의 자리를
부재로 남겨 두기 때문이라는 것이지요.

이때 아버지의 자리는 아주 어린 시절 여자아이가 받아들인 아버지의
'위치'를 말합니다. 대부분의 여성은 남자와 함께 있음을 택하고 그것을
동시에 아버지와 함께 있음으로 간주한다고 합니다. 이것은 정신 분석
적 입장에서 이야기하는 여자와 아버지, 여자와 남자의 관계이기도 하

지요. 다르게 이야기하면 여자아이는 성장하면서 실제 아버지를 고집하기를 포기하고, 어느 정도 타협(정상적 억압의 과정)을 본 상태로 남편을 통해 상징적인 아버지와 함께 있음을 선택한다고 할 수 있습니다.

독신을 고수하거나 솔로인 여자의 경우, 남자가 아니라 남자의 부재를 파트너로 받아들인다는 것인데, 아버지의 부재가 남긴 공백에 대항하지 않고 그것을 성적 대상으로 삼은 것이라고도 말합니다. 여기서 아버지의 부재를 선택할 때 아버지는 실제 아버지이기보다, 여자아이가 꿈꾸었던 아버지라고 보는 것이 맞습니다. 많은 남성들이 온화하고 품 넓은 어머니를 꿈꾸듯, 여성에게도 포기하지 못하는 상징적인 아버지가 있습니다. "나는 우리 아버지와 다른 남자를 만날 거야", "나는 우리 아버지 같은 남자를 만날 거야"라고 말하고는 합니다. 이렇듯 여자의 대상인 남성 선택의 기준에는 표면적으로든 이면적으로든 아버지가 존재하고 있습니다.

▶ 딸은 어떤 욕망을 꿈꾸는가

대리언 리더는 매우 흥미로운 예를 들었습니다. 종교집단에 은둔하는 여성들, 즉 수녀들은 어떤 특정한 대상을 갖기보다 온전히 포기함으로서 '갖지 않음', '갖지 못함' 자체에 자신의 존재를 둔다는 것입니다.

욕망의 성질에서 결핍이 필연적인 요소라는 것을 감안할 때, 일생 한 남자를 가질 수 없는 신의 여자가 되는 수녀들이야말로, 가장 여성성을 현현하는 존재들이라고 할 수 있습니다. 온 생을 자신을 결핍한 채로 보존하는데, 이는 아무것도 갖지 않는 공백 상태로 신(아버지)을 향해 자신을 현시하는 것이지요.

실제로 제가 수녀원을 들어간 것은 아버지와 관련이 매우 깊습니다. 아버지는 본인 스스로가 절망한 세상에서 수도원을 향한 갈망을 일생 품어 왔습니다. 불우하고 불행했던 성장 과정과 근본적인 상실감에 시달리던 그는 언제나 세상으로부터의 완전한 보호와 고립 속에서 정제된 삶을 살아가는 수도원이라는 곳을 염원했지요.

저는 장래희망을 이야기하기 시작한 초등학교 저학년 때부터 수녀라고 '말'하기 시작했습니다. 아버지의 소망과 갈망이 딸에게 투사되었으나, 어린 저는 스스로의 꿈이 수녀라는 사실에 조금도 의심이 없었습니다. 우리가 가지는 마음, 생각, 가치관은 부모와 떼려야 뗄 수 없는 관계이지요. 어린 자식이 원하든 원하지 않든 선택의 여지가 없는 것이 부모, 자식의 숙명적인 관계이기도 합니다.

어린 시절 성당에서 항상 저를 예뻐해 주시던 수녀님의 영향과 성당 마당에서 놀던 기억을 제 소망의 출처로 여겼지요. 그러한 출처를 수녀원을 들어가는 순간까지도 의심할 수 없었지만 깊은 내면 층위의 심리적 현상들은 아이가 스스로의 소망을 납득시키는 꽤 손쉬운 귀인이었

남편을 버려야 내가 산다

습니다. 거꾸로 성당 수녀님의 사랑을 듬뿍 받고 늘 성당 언저리에서 지내면 모두 수녀나 신부가 되는 꿈을 꾼다고 이야기할 수 있어야 하는데 저는 제 안에서 일어나고 있는 소망에 대한 이해를 그렇게, 그런 방식으로 나 자신을 설득한 것이지요. 그리고 그렇게 해야 내 안에서 추동하고 있는 타인(부모)의 욕망이 계속 살아남을 수 있었기 때문이기도 합니다.

▶ 아버지의 욕망을 실현하는 대상

아버지는 세상의 더러움과 오염으로부터 온전히 보호된 순결한 여성에 대한 환상을 딸에게 투사했습니다. 그것은 아버지가 꿈꾸는 이상화된 여성상이고 또 어머니상이었는지도 모릅니다.

저는 그것을 공기처럼 삶과 가치로 내면화했습니다. 물론 그것은 수도원이라는 이상화된 가치만을 바라본 한 남성의 순진한 열망이었습니다. 이러한 아버지의 이상화된 이미지는 그가 자라 온 배경과 개인의 역사적 맥락과 밀접하게 관련이 있습니다. 아버지를 바라봄과 동시에 아버지의 욕망과 동일시를 시도하는 여성들은 그 동일시 안에서 아버지를 온전히 알고자 합니다. 더불어 그것을 실현하는 길이 저에게는 수녀가 되는 것이었습니다. 그리고 개인 분석을 받으면서 내가 실천한 꿈, 수녀 이면의 욕망과 소망을 이해하게 되었습니다. 이것이 여자아이가,

딸이 아버지를 욕망하는 하나의 길이기도 합니다.

수도원에서 가진 끊임없는 갈구와 의문은 어떤 확인을 쫓으면서도 그 욕망이 스스로의 답을 갖고 있지 않았던 시간이기도 했습니다. 아버지 욕망과의 동일시는 아버지의 승인(사랑)을 통해 나의 존재를 확인하려고 했던 시도에 다름 아니기도 하니까요.

끊임없는 기도와 갈구 속에서 어떤 해답, 신으로부터 답을 얻으려는 시도, 무엇인가 내 안으로부터 확인하려고 했던 노력들은 아버지라는 자리를 비워 놓고 그 자리에 신을 모시며 그 신에게 속함으로써 존재를 증명해 내려고 했던 순간이기도 했습니다. 정작 내가 무엇을 원하고 있으며 얻으려는 답이 무엇인지도 모른 채 말이지요.

그리고 아버지가 욕망하는 대상인 '순결한 여성'이 되고자 했던 시도이기도 한데, 이것은 오이디푸스적 관점에서 아버지의 대상인 여성이 되고자 했던 것입니다. 물론 그 과정은 아버지의 욕망과 나 사이의 균열을 발생시키고 끝없는 혼란을 야기시켰습니다. 공동체 생활, 수도생활 자체가 주는 즐거움과 의미를 경험하고 느끼면서도 스스로 이해되지 않는 내적 혼란과 질문이 멈추지 않았지요. 엄밀히 말해 그것은 아버지의 욕망이었고 라캉이 말한 '타자의 욕망'으로 살고 있었기에 멈추지 않는 혼란으로 결국 저는 퇴회를 선택하기에 이릅니다.

내가 정말 원했던 것은 타자의 욕망으로 사는 것이 아닌 나 자신으로 살아가는 것이었습니다. 나 자신으로 산다는 것이 무엇인지조차 인지하지 못했지만, 내적 갈등과 번민은 내가 나로 살고 있지 못하다는 분명한 신호였습니다.

▶ 스스로 대상이 되어 발현하는 사랑

많은 여성이 사랑에 있어서 최선은 그에게 속하는 것이라고 생각하고 느낍니다. 여성이 결혼을 해야 한다고 당위적으로 느끼는 이유이기도 하지요. 적령기가 되어서, 혹은 주변의 압력 때문이라는 단서를 달기도 하지만 여성에게 있어 결혼은 분명 '소속'과 '속함'입니다.

우리가 현모양처라고 이야기하는 전형적 여성들의 모습이 '헌신'처럼 보이나 실은 자신을 일부 포기하고 '그'에게 '소속'됨으로 인해 궁극적으로는 어떤 것을 '가지는 것'이 됩니다. 이것이 사랑을 구현하고자 하는 여성의 궁극적인 욕망입니다. 가지기 위해서는 또 무언가를 포기해야만 하는 것이지요.

여성 신경증 현상 중 하나는 스스로를 실현하거나 직접적이기보다 타인을 경유한다는 특징이 있습니다. 누군가에 속하든, 누군가를 채우는 방식이든 그것은 모두 반드시 타인을 필요로 합니다. 내가 타인에게 없어서는 안 될 반드시 필요한 사람이 되기 위해서가 아니라, 내게 필요한 사람으로 타인이 아니라 주체인 나 스스로를 믿는 사람으로서 만족스러운 삶을 살기 위해 어떤 노력이 필요한지 고민해야 합니다.

타인을 경유하지 않고 나 스스로를 실현하고 만족시키는 데서 사랑이 시작합니다. 타인을 향한 돌봄과 헌신은 돌려받아야 할 무엇이기보다 그 자체로 온전히 타인을 위한 것일 때, 사랑이 될 수 있습니다. '나에게 필요한 타인, 타인에게 필요한 나'라는 시선에서 조금 떨어져 나오는 것은 어떤 것일까요? 함께, 더불어 살아가는 일이 무엇인지를 고민해야겠습니다.

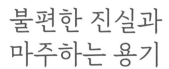

불편한 진실과
마주하는 용기

"증상을 주체화 한다는 것은 무의식이 회피하고자 했던
불편한 진실과 자신의 진리를 직면하는 일이다."

정신의학적 치료는 증상이라고 불리는 현상을 의사가 진단하고 그 진
단명에 따른 약을 처방하여 증상을 제거하거나 다스리는 일을 말합니
다. 의학은 증상을 '질환'으로 보지만 정신 분석은 증상을 질환이 아닌
'신호'로 받아들입니다.

박사과정 대학원 수업 때 동료 선생님과 우울을 가진 내담자를 호명
하는 말을 놓고 언쟁을 벌인 적이 있습니다. 병원에서 근무하던 동료는
의사들과 같은 시선으로 우울을 호소하는 내담자를 '정신질환자'라 호
명했고, 저는 그 호명에 크게 반발했던 기억이 있습니다.

의학에서 치료해야 할 증상은 라캉이 말하는 대타자의 언어체계가 만들어 놓은 다수의 범주에서 이탈된, 혹은 다수에 부적응적인 상태로 고통을 유발하는 상태를 말합니다. 그 증상은 억제되고 제거되어야 할 대상으로 약을 써서 없앨 수 있습니다. 정신 분석적 관점에서 이것은 '거세'에 가깝습니다. 의사라는 권위로부터 권력의 언어로 증상에 대한 호명(진단)이 이루어지고, 우리는 우리의 정신과 신체 현상을 그 호명된 진단명으로 받아들이며 치료에 임합니다. 통계에 따라 정상과 비정상의 범주가 나누어지는 것이지요.

정신 분석에는 정상이라는 개념 자체가 존재하지 않습니다. 오직 욕망의 구조로 신경증과 도착증, 그리고 조현병으로 나눌 뿐이지요. 이 분류는 한 개인이 삶을 살아 내는 방식과 구조를 이해하기 위한 것에 해당합니다.

▶ 정신의학과 정신 분석의 차이

개인적인 경험으로는 남성들이 병원을 찾아 약물을 받아들이는 빈도가 많고 여성들은 상담실을 찾는 빈도가 조금 더 많은 것은, 남성이 권력의 언어와 그 체제에 순응하기를 좋아하는 남성적인 특징으로 보이기도 합니다. 여성의 히스테리 곧 신경증에는 결코 권력의 언어로 제어

하거나 거세할 수 없는 어떤 것이 존재합니다.

어떤 충동과 욕망을 약물로 거세하여 적응적인 인간으로 만들어 놓는 것을, 한 주체를 진실로 위한다고 단정하기는 어려울 것 같습니다(물론 범죄의 경우는 예외로 두기로 하겠습니다). 그 부적응적인 증상과 현상을 다른 언어 체계로 바라보는 것이 라캉의 정신 분석이기도 합니다.

언어가 유입되지 않은, 다시 말해 언어에 의한 의미의 질서와 법이 유입되지 않은 상태는 조현병의 상태입니다. 조현병을 지닌 사람에게는 상식과 보편성이 존재하지 않습니다. 조현병이 아닌 사람은 모두 언어의 유입에 의해 소위 정상이라고 말하는 의식을 가질 수 있으나, 이 의식은 한 번 더 억압을 자행합니다. 이렇게 언어적 유입과 억압에 의해 무의식이라는 것이 출현하지요. 조현병자들은 무의식이 없는 상태라고 보면 맞겠습니다.

정신 분석은 인간에게 억압된 무엇을 조금씩 해체하고, 스스로에게 부여한 단단한 법칙과 규제, 질서를 해체하는 일입니다. 무의식을 해체해서 설정된 기존의 틀을 열린 상태로 다시 재조정하고 유연하게 하는 작업이라 볼 수 있습니다. 무의식 속에 어머니의 말, 아버지의 금지에 의해 단단히 사로잡힌 의식과, 그 의식을 쥐락펴락하는 무의식의 정체를 유연하게 만드는 것이지요.

의학이 적응과 효율성에 주안점을 두고 있다면 정신 분석은 존재와 그 존재를 대하는 윤리적 태도와 관련이 있다고 보아야 할 것 같습니다.

정신 분석은 상대적으로 비용과 시간을 많이 들여야 하기에 접근성이
떨어지기도 합니다.

▶ 증상의 만족

증상을 제거하기 위한 일련의 노력과 치유는 역설적이게도 그 증상
자체에 특별한 만족을 부여하는 결과를 만들어 냅니다. 이는 병리적 만
족입니다. 완곡하게 말하면, 무의식적 만족입니다.

예를 들어, 쇼핑 중독인 사람에게 쇼핑을 못하도록 하는 여러 가지 방
법은 오히려 쇼핑을 더욱 증상적 만족으로 이끌기에 충분합니다. 쇼핑
중독자를 설득하는 법은 중독 현상이 단순한 쾌락이 아니라 진짜 문제
를 은폐하거나 가리고 있다는 사실을 알게 하는 것입니다. 이 지점에서
정신 분석과 정신의학은 다른 길을 선택합니다. 둘은 증상을 대하는 태
도가 다릅니다.

정신 분석에서 보면 쇼핑 중독은 일종의 '구멍 메우기'에 다름 아닙니
다. 쇼핑 중독자는 소비를 반복하면서 실재와의 직면을 피해 가고자 하
지요. 내면 안에서 일어나는 실재가 만드는 구멍을 충족시키는 쇼핑은
감각적 마취 상태를 일으키는 술, 게임 등과 같은 행위입니다. 이 행위
는 끝없이 도래하는 허무와 상실, 결여에 저항하여 즉각적인 만족을 제

공하고 짧은 순간의 충만함을 줍니다. 더불어 쇼핑에서 획득한 재화 때문에 만족이 더해지지요. 아름다운 옷을 산 순간 그 옷과 나를 동일시하며 나르시시즘적 만족이 발생합니다. 그러면 내 안의 구멍이 채워질 수 있습니다.

정신 분석의 과제는 주체가 만족을 느끼고 있는 증상을 제거하는 것이 아니라 어떻게 그 증상을 주체화하느냐에 있습니다.

▶ 증상의 주체화

정신 분석에서 분석 행위는 분석의 끝을 겨냥하며, 라캉은 이를 '통과'라고 불렀습니다.

> "통과는 분석자에게서 분석가로의 주체적 변형을 뜻한다. 어떤 장소를 통과하는 것이나 다른 장소로 이동하는 것이 아니라 오히려 막다른 골목을 바라보는 데 있다. 분석의 끝은 두 번 제자리걸음하면서 우리가 무엇에 갇혀 있는지를 재발견하는 것이다. 우리가 무엇에 사로잡혀 있는지를 보는 것으로 충분하다."
> - 라캉 -

증상을 주체화한다는 것은 쇼핑 중독으로 끝없는 소비와 그에 따른 여러 가지 피폐를 반복하던 것에서 벗어나 중독 현상 자체를 다른 방식의 만족으로 바꾸는 것입니다. 이를테면 다른 차원의 충실성, 승화적 차

원으로 초대하는 것이지요. 그러기 위해서 이제껏 한 개인이 무의식적
으로 회피하고자 했던 불편한 진실과 자신의 진리를 마주해야 합니다.
문제를 직면해야 하지요. '무엇을', '왜' 반복하고 있었으며 그 과정에서
어떤 증상적인 만족을 유지하려 했는지를 아는 것입니다.

증상은 무의식의 '그것'이 스스로를 철회하고 포기하려 하지 않는 한,
그 모양을 바꾸어 가며 지속될 것이기 때문입니다. 엄청나게 쏟아져 나
오는 진단명이 아니라, 분석 과정에서 전문가가 아닌 스스로가 자신의
증상에 대해 호명하는 일이 이루어져야 합니다.

▶ 화해는 나에게 하는 고해성사

가톨릭에서 고해성사는 신, 예수를 대리하는 중재자의 위치에 있는
사제에게 죄를 고백하고 용서받는 상징적인 행위입니다. 그 유래는 성
직자와 신도 간이 아닌 수도자들이 서로에게 죄를 고백하면서 시작되
었습니다.

고해는 용서하기 위해 듣고 있는 청자인 사제 앞에서 '말'을 하는 것입
니다. 엄밀히 말해, 성사는 용서하는 위치에 있는 청자 앞에서 말하는
행위이지만, 결국 내가 나에게 가장 솔직해지기 위한 행위와 같습니다.
그런 의미에서 분석가 또한 이 사제의 위치와 다르지 않습니다.

남편을 버려야 내가 산다

'청자로서의 사제', 분석가는 상징적인 위치 이외에 아무도 아닙니다. 고해하는 자는 매순간 나 자신에게 설득당하고 타자의 언어에, 초자아에 의해 지배당하던 자신을 가장 은밀한 장소에 드러냅니다. 이러한 의례는 드러난 자신과 화해하는 과정입니다. 이것이 가톨릭에서 말하는 진정한 성사(聖事)의 의미와 같습니다.

고해성사는 자신이 잘못이라고 생각하거나 무의식적으로 용서할 수 없는 자신의 내밀한 죄를, 고해소 가림막 저 너머에서 듣고 있는 사제가 아닌 나 스스로에게 가장 진실하게 말하는 과정입니다. 그 과정에서 오직 자기 자신과 화해하는 것입니다.

'말'은 그런 의미로 절대적인 중요성이 부여되는 상징적인 도구이며 청자라는 타자는 그 자체로 성사(聖事)를 성사(成事)시키기 위한 위치 이상은 아무것도 아닙니다. 간혹, 그 성사(聖事)를 맘 편히 죄를 짓기 위한 무의식의 수단이나 도구로 사용하는 이들도 있지만요. 주말에 교회에 나가 통성기도로 통렬히 자신의 행적을 고백하고 울면서 기도하는 신도가, 주말에 성당에 나가 자신의 잘못을 통렬히 고해성사를 보는 신도가 주중에는 또다시 스스로도 용서할 수 없는 일을 반복한다면 그것은 성사나 고해가 또 하나의 쾌락의 도구로 전락하는 순간입니다.

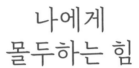

나에게
몰두하는 힘

"에너지를 내부로 집중하는 것은
질문을 외부에서 내부의 나 자신에게로 돌리는 일이다."

남편 혹은 누군가와 함께가 아니면 도저히 살아갈 수 없다고 믿는 여성들이 있습니다. 여성들은 혼자서 살아가는 일이 상상만으로도 너무 두렵고 공포스럽습니다. 그래서 불행한 결혼도 어떻게든 유지하기 위해 안간힘을 쓰다 보니 오히려 상황이 점점 더 나빠지기만 합니다. 오직 믿고 의지할 곳은 아이 하나밖에 없다는 생각에 점점 더 아이 양육과 돌봄에 몰두하게 됩니다.

혜나 씨는 아이 양육에 몰두할수록 만족이 커지기보다는 결핍감과 불안이 늘어나고 양육에서의 부족함들이 더 드러나 도무지 어찌할 바를

남편을 버려야 내가 산다

몰라서 상담실을 찾았습니다. 그녀는 저녁이 되면 조곤조곤 남편과 이야기하고 아이를 데리고 산책도 하고 그렇게 정서적인 생활을 누리고 싶은데, 남편은 어느 날부터 자신과 함께 있기를 싫어하는 듯하고 자꾸 밖으로 돌기만 한다는 것입니다.

저희 상담실을 찾기 전에 근처에 있는 상남센터를 찾았는데 그곳 선생님이 부부관계에서 남편은 성관계가 해결되면 만사가 다 해결된다고 말했다고 합니다. 남녀 관계에서 성관계가 중요하지 않은 것은 아니지만 그것만이 해결책이라고 말하는 것은 지나치게 남성 중심의 사고입니다. 남성을 만족시켜야만 좋은 관계를 유지해 나갈 수 있다는 가부장적인 사고에서 나오는 이야기입니다. 관계는, 그리고 성(性)은 결코 직접적인 행위만이 전부가 아닌데도 말입니다.

▶ 에너지를 내 안으로 돌리는 것

내적 불안이 높고 불만족에 사로잡히다 보면, 에너지가 자꾸 내 안이 아닌 외부로 향합니다. 외부의 조건을 개선하면 삶이 나아지지 않을까 끊임없이 생각합니다. 다른 사람을 만났더라면 지금 이렇지는 않을 텐데, 경제적으로 조금만 여유가 있다면 다른 선택을 할 수 있었을 텐데 하는 등 외부의 조건을 끊임없이 제거하거나 개선하고 싶은 열망에 사로잡히기도 합니다. 외부로 향하는 에너지를 내부로 바꾸는 일은 매우 불편하고 고통스럽습니다. 빨리 어떤 답을 찾아 적용해서 내 삶의 불편을 해소하고 싶다는 충동에 사로잡히니까요. 하지만 반드시 기억해야 할 점은 외부의 조건에 사로잡히는 나의 에너지는 그저 내가 나 자신의 가장 깊숙한 곳과 대면하지 않기 위한 무수한 알리바이라는 것입니다.

저는 혜나 씨에게 이런 제안을 했습니다. 우선은 외부의 모든 문제를 그냥 두고 멈추어서 원하는 것이 있다면 그것을 왜 과감하게 선택하지 못하는지를 질문해 보라고 말입니다. 그것은 원하는 어떤 것을 과감하게 선택하라는 제안이나 압력이 결코 아니었습니다. 스스로에게 질문을 되돌리는 것 자체가 에너지를 내부로 향하게 만드는 노력입니다. 자신이 원하지 않는 곳에 서 있다면, 그곳에 서 있게 만드는 이유를 한 번 더 생각해 보아야 합니다. 에너지를 내부로 돌리는 것은 질문을 외부에서 내부의 나 자신에게로 돌리는 일이기 때문입니다.

그러나 혜나 씨는 집요하게 남편의 태도와 환경의 개선을 바랐습니다. 외적인 환경에 전적으로 의존하는 것은 어린아이들에게서 나타나는 자연스러운 현상입니다. 지나치게 의존적인 사람이라면 나약하거나 모자라서가 아니라 자신 안의 어린 시절의 어느 시기가 붙들고 놓아 주지 않는 것일 수 있습니다. 혜나 씨에게는 '어린 혜나'가 고집스럽게 자리 잡아 요구하는 것이지요. 혜나 씨의 두려움과 공포는 많은 부분 상상적인 것인데, 이것은 아이가 엄마가 없다는 생각만으로도 절망하고 공포에 휩싸이는 것과 같습니다. 하지만 혜나 씨가 정말 혼자가 되었을 때 잘 살아 낼지, 정말 나락으로 떨어질지는 아무도 모릅니다. 왜냐하면 그 자신조차도 그곳에 가보지 않았기 때문입니다.

잘될 것이냐, 안 될 것이냐는 확신을 우리는 끝없이 미리 얻어 내려고 하지요. 하지만 그런 확신은 존재하지 않습니다.

안정이 좋은 것이라는 일반적인 통념을 갖고, 안전장치 말고는 어떤 선택도 하지 않으려는 분도 많이 있습니다. 그것은 오만입니다. 경험해 보지 않고 두려움과 이전의 경험들로 내가 어떤 사람이라고 단정하는 것은 오만의 다른 모습입니다. 실패나 좌절이 일어나서는 안 된다는 전제가 더 아래에 깔려 있기 때문이지요.

나는 힘들어지면 안 된다는 나르시시즘적 태도가 나를 더 출구 없는 상태로 가두어 놓습니다. 누구도 힘들어지거나 나락으로 떨어지고 싶어 하는 사람은 없겠으나, 내 삶에 언제든 좌절과 불행이 일어날 수도 있다는 수용적인 태도야말로 오히려 우리를 삶으로부터 자유롭게 만들어 줍니다. 설령 내게 큰 불행이 닥치더라도 그건 또 그때 가서 생각해 보자는 태도가 절실히 필요한 이유입니다.

혜나 씨가 혼자 살면 어떻게 될지는 아직 모르기에 상황의 가능성을 충분히 열어 두자는 것입니다. 그리고 혜나 씨가 어떤 선택을 하든 그것을 받아들이면 그다음 행로는 자연스럽게 열릴 테니까요.

▶ 내 삶을 새롭게 만드는 통로

혜나 씨는 아이를 데리고 혼자 살 수 있는지 계속 탐색하는 중입니다. 남편과 함께 사는 일이 고통스럽고 이대로 버틸 수 없다는 두려움 때문이지요. 남편과 애정 없이 서먹하고 친밀감이 없어 외로움도 외로움이지만, 헤어지고 나면 지금의 생활을 혼자서 유지할 수 있을지가 가장 두렵습니다.

내가 지금보다 못한 환경에 처해진다는 것을 도저히 상상할 수가 없습니다. 그것은 지금 누리는 어떤 것도 포기할 마음이 없다는 것이기도 하지요. 정말 그럴까요? 실제로 지금 누리는 것을 누리지 못하면 내가 불행해질까요? 그것 또한 알 수 없는 일입니다. 의외로 정말 잘 지낼 수도 있고 오히려 불편감을 해결하기 위해 스스로를 가동시키며 더 나아지기 위한 발버둥의 에너지를 쏟느라 불행을 느낄 겨를이 없을지도 모를 일이니까요. 가 보지 않은 길, 경험하지 않은 것에 대한 발디딤은 우리를 움츠러들게 하고 두렵게 하지만 막상 발을 딛으면 걸어갈 만한 것이 대부분인데도 말이지요.

모호하고 불투명한 상태로 나를 밀어 넣는 일은 무모해 보이지만 내 삶을 온전히 새롭게 만드는 데 반드시 거쳐야 하는 통로와 같습니다. 모호함은 안정의 반대에서 오는 불안과 고통이 아니라 오히려 어떤 가능성으로든 열려 있는 상태에 다름 아닙니다.

남편을 버려야 내가 산다

제가 스무 살 초반에 수녀원에 들어가서 서른 살 초반에 수녀원을 나올 때, 부모님, 특히 어머니는 "남들은 지금 직장생활이다 결혼이다 해서 다 자리 잡을 때에 지금 맨몸으로 나와서 세상 경험 하나도 없이 어떻게 무얼 먹고 살래? 없이 살아도 된다고 하지만 점심에 콩나물국을 먹을지, 저녁에 맹물에 밥을 먹을지가 얼마나 중요한 일인 줄 아니?"라고 말씀하시며 당신의 불안과 걱정에 제가 수녀원을 나오지 않기를 원하셨습니다.

"세상이 얼마나 힘든데…"가 어른들이 하는 가장 흔한 레퍼토리이기도 하지요. 그러나 실은 힘든 세상에서 자식들이 발버둥 치며 고통을 겪는 모습을 보기가 힘든 당신들을 보호하고자 함이 더 우선입니다. 정말로 자식을 사랑하는 일은 끝까지 어떤 선택을 하든 함께 견디어 주는 것입니다.

어른들이 늘상 하는 말인 "네가 잘되라고, 네가 힘들어질까 봐"처럼 속물적인 알리바이는 세상에 또 없습니다. 제가 남편과 결혼을 하고 두 사람 모두 경제력 없이 공부만 해야 하던 시기에 시댁 어른들, 그중에서도 시어머니께서 특히 "나는 너희들이 세상에서 상처받을까 봐 그것이 가장 걱정돼"라는 말씀을 자주 하셨습니다. 그러니 어른들이 하라는 대로 하면 상처받을 일 없이 안전하게 살 수 있다는 말씀이셨지요. 하지만 아이러니하게도 세상의 그 어느 누구보다 가장 상처를 준 사람이 어른들, 다름 아닌 가족들이었습니다. 왜냐하면 가족들이 시키는 대로 살지 않겠다고 마음먹었을 때, 그분들의 욕망으로부터 떨어져 나오겠다고 결정했을 때, 어린아이를 데리고 맨몸으로 시작해야 하는 일이었으니까요.

자식이 부모의 원의(原意)와 다른 삶을 선택할 때, 부모의 경제적 지원을 기대하지 못할 때가 많습니다. 저 역시 남편과 어린 딸아이와 셋이서 원룸에서 월세로 살아야 하는 현실의 벽을 감수해야 했습니다. 우리는 그때의 선택을 틀리지 않게 만들기 위해, 온 힘을 현실에 집중하고 헤쳐 나가는 데 몰입했습니다.

삶의 무게를 온전히 감당해 내는 대신 관계에서의 종속으로부터 자유로워졌고, 모든 것을 결정하고 선택하는 중심이 양가에서 우리 세 가족에게로 이동이 되었으니까요. 그 뒤로는 제가 남편으로부터도 자립하기 위한 치열한 이동이 한 번 더 있었습니다.

수용,
받아들이는 마음

"환경이나 조건을 변화시키려는 태도를 포기하고,
현상을 마음으로부터 받아들이기 시작하면 그때부터 진짜 변화가 일어난다."

"변화는 변화의 불가능성에 대한 수용과 탐구로부터 유래할 수 있다."
- 라캉 -

우리를 둘러싼 많은 문제와 직면할 때, 나 자신의 어떤 면에 대해 인
정하고, 인정한 것을 수용하는 것 사이에는 상당한 거리가 있습니다.

인정은 더 이상 어떤 현상이나 사실을 부정하지 않고 수긍할 수 있지
만, 받아들이지는 않을 수 있습니다. 가령, "나는 네가 나를 사랑하지 않
는다는 사실을 인정해"라고 말할 수 있습니다. 하지만 수용하는 것은 다
른 층위의 문제입니다. 네가 나를 사랑하지 않지만 그 사실을 수용하지
못할 때와 수용할 때의 반응과 대응이 매우 달라지기 때문이지요.

인정하지만 수용하지 못할 때는 엄청난 고통이 수반됩니다. 어떻게 사랑하는 상태로 돌려놓을지 애쓰며 갈등할 것이니까요. 그것을 받아들이지 못하니 슬프고 괴로운 상태가 지속됩니다.

고통스럽지 않은 상태로 되기 위한 번민과 괴로움, 갈등은 쉼 없이 일어날 것입니다. 하지만 그 사실을 인정하고 수용할 때는 두 가지 갈림길에 설 수 있습니다. 네가 나를 사랑하지 않아서 그것을 충분히 받아들이고 아프지만 그 상태를 유지해 나가는 것과 더 이상 나를 사랑하지 않음을 받아들이고 대상을 떠나거나 놓아 주는 갈림길에 서겠지요. 혹은 대상이 나를 더 이상 사랑하지 않는 것을 감수하며 시간을 살아가는 방법도 있을 것입니다.

'받아들임'은 수동적인 듯 보이지만 엄청난 능동성이 포함되어 있습니다. 일어난 현상을 받아들이고 그것에 휘둘리거나 끌려 가는 것이 아니라 스스로를 움직이는 것이니까요. 운명에 나를 충분히 맡기고 흐름을 타는 것은 매우 불안정해 보이지만 자유로움이 함께합니다.

▶ 변화는 원인에 대한 탐색에서부터

상담실에 오시는 분은 고통이나 상처의 원인을 알고자 하시는 경우가 많습니다. 대개 원인은 과거 부모와의 경험이나 상처로부터 기인하니 그것을 충분히 탐색하면 해결될 것이라 생각하시는 듯합니다. 하지만 원인을 찾아내려는 원의에도 함정은 있습니다. 분석 과정에서 과거에 대한 탐색이 충분히 이루어지기는 하지만 그것은 사실상 애도에 해당합니다. 과거에 놓쳤거나 소외된 우리 어린 시절에 대한 애도를 분석가와 함께 언어로 풀어내는 일입니다.

과거에 상처받은 원인에는 대개 부모가 존재합니다. 따라서 원인을 찾고자 하는 욕구 뒤에는 나의 불행이나 고통에 대한 책임을 부모에게 돌리고 싶은 의도도 존재합니다. 실제로 분석가에게 책임이 부모에게 있다는 말을 들은 직후에는 바로 상담을 중단해 버리는 경우도 있으니까요.

애도 과정을 지나 더 깊은 자신의 욕망과 조우하기보다는 적당히 부모 탓을 하고 책임을 돌리고, 분석가에게는 그동안 많은 도움을 받아서 감사하다는 말을 남기고 사라지기도 합니다.

원인을 알아차린다고 해서 진정한 변화가 일어나는 것은 아닙니다. 분석 과정에서 가장 중요한 것은 그럼에도 원인을 받아들이고 어떤 방식으로 수용하느냐에 있습니다.

> *"운명을 순순히 받아들여 의연하게 임하는 사람은*
> *오만한 운명을 자신의 발아래 두고서*
> *행운과 불운에 굴하지 않고 운명을 직시하며 태연한 얼굴을 유지할 수 있다"*
> - 보에티우스 -

가령, 이혼을 반복해서 하는 사람이 있다고 합시다. 그는 어떤 충동에 의해 이혼이라는 반복에 이끌려 다닙니다. 매번 이혼하면서 겪는 자신의 고통을 배우자를 잘못 만나서라고 탓하고 원망한다면 그것은 충동이라는 운명에 끌려 다니는 것이 되지요.

삶에서 일어나는 반복, 즉 운명을 적극적으로 받아들이고 수용한다면 자신의 삶을 가볍게 만들고 더 나아가 즐길 수 있는 차원으로 끌고 나갈 수 있습니다. 매번 같은 문제로 부부가 치열하게 싸우면서 서로가 바뀌면 행복해진다고 잘못을 떠넘기는 것은 같은 문제로 또 싸우겠다는 선언과 마찬가지입니다. 불행이라고 여기는 상태나 현상도 수용하기에 따라서 더 이상 불행이 아닌 주체적인 삶의 열정이 될 수 있는 이유가 그것입니다.

많은 여성이 자녀 문제, 배우자 문제로 고통을 호소합니다. 인정과 승인, 애정에 매여 같은 갈등을 반복하면서도 그런 자신을 혐오스러워하고 끔찍하게 여깁니다. 그런 애증으로부터 처연히 떨치고 나와 오직 자신의 삶을 살아가는 선택도 훌륭하지만 나에게 불행을 주고 고통을 주는 환경을 적극적으로 받아들이는 것도 위대한 용기에 해당합니다. 파도가 올 것을 알고 도망 다니며 끌려다니지 않고 파도가 오는 것을 보면서 그 위에 올라타는 것이지요. 그것이 수용입니다. 배우자나 주변인의 암묵적인 요구와 압력을 무시하지 못하고 끌려다니며 불행을 입에 달고 사는 여성이라면 그들의 욕망과 무의식적인 의도와 요구를 충분히 알아차려야 합니다. 그럼에도 같은 삶을 살겠다고 선택한다면, 그것은 더 이상 불행이 아닌, 다른 삶의 차원이 시작되는 것이기 때문입니다.

나의 요구를 받아들이지 않는 대상, 나를 행복하게 하지 않는 대상과 그럼에도 끝까지 함께 가야 한다면, 그것은 어쩔 수 없기 때문이 아닙니다. 헤어지기 두려워서입니다. 이럴 때는 받아들인 후에 재선택해야 합니다. 환경이나 조건을 변화시키려는 태도를 포기하고, 현상을 마음으로부터 받아들이기 시작한다면 그때부터 진짜 변화가 일어납니다.

▶ 절대적 신뢰 그 요원한 소망

가족이나 연인으로 인해 고통을 호소하는 분들과 분석을 진행하면서 종종 느끼는 감정이 있습니다. 제가 보았을 때는 그저 말하는 모습을 보고만 있어도 참 사랑스러운데, 왜 그토록 상대와 지리멸렬하게 싸우며 살아야 할까 싶습니다.

어느 정도 떨어져서 보면 사랑스러움이 제대로 보이는데, 우리는 상대와 친밀함과 애정으로 밀착될수록 요구와 욕망에 매몰되어 상대를 제대로 바라보기가 어렵습니다. 그들이 연인이나 친구로부터 바라는 것은 '내가 무슨 짓을 해도, 어떤 모습이어도 나를 저버리지 않는' 절대적인 신뢰입니다. 아이가 부모로부터 안전함과 절대적 자아를 보호받기를 원하는 것처럼요. 아이와의 관계는 그래야 합니다. 하지만 성인이된 관계 안에서의 신뢰는 서로의 나약함을 허용하는 태도입니다.

상대에게 절대적인 신뢰를 보여 달라고 조르는 것은 절대적으로 의존하고 싶다는 또 다른 소망의 표현이기도 하니까요. 모든 것을 공유하고 내 맘이 네 맘이고 네 맘이 내 맘인 것은 건강한 친밀함이 아닙니다.

서로에게 느끼는 실망과 좌절에도 다시 원점에서 시작하려는 충실성, 서로에 대한 고정관념에 매이지 않으려는 발버둥, 이기적이고 나약한 인간임을 인정하고 어느 만큼 거리를 두어도 서로에게 느끼는 서운함으로 인해 서로를 할퀴지 않겠다는 의지 등이겠지요. 결코 서로에게 온전히 채울 수 없는 구멍을 안은 채로 함께 가는 것이 진짜 신뢰가 아닐까요? 우리는 참으로 구멍투성이의 나약한 인간들이니까요.

남편을 버려야 내가 산다

갈등을 극복하며
성장하는 삶

"드러나는 증상과 드러나지 않은 관계의 갈등에 대해 할 수 있는 가장 훌륭한 대응은
인내를 가지고 나의 충동을 이해하려는 노력과 태도에 있다."

아이가 애초에 경험하는 충동은 상당 부분 우연성에서 기인합니다.
물론 그 우연성은 부모와 사회 환경이 직접적인 영향을 주지요. 하지만
같은 환경에서 자란 아이들도 매우 다른 선택을 합니다. 단순히 기질적
인 차이라고 생각하기 쉽지만 그 선택은 아이가 가지고 있는 근본적인
욕망과 필연적인 관련이 있습니다.

가령, 모든 관계에서 약자의 위치에 자신을 놓는 경향이 있는 아이가
있다고 합시다. 그 아이가 부모, 특히 엄마와의 관계에서 자신을 무력
한 약자의 위치에 놓고 무조건적으로 받아들이는 경향이 있다면, 그 이
면에는 그렇게 해서라도 원하는 것을 얻고자 하는 욕망이 있는 것입니

다. 내가 제한 없이 부모에게 열어 놓으면, 부모가 원하는 바를 제한 없이 받아들이면 언젠가는 내가 원하는 부모가 되어 주지 않을까 하는 소유와 통제의 욕망이 뒤에 있습니다. 그것이 해소되지 않은 채로 성장했을 때 모든 인간관계에서 약자의 위치에 자신을 놓고 스스로도 알 수 없는 고통과 갈등을 반복하게 되겠지요.

▶ 혼자만의 세계에 갇히면

"무의식적 외상은 현실의 어떤 작은, 우연한 조각에 의해 자신을 반복한다."
-라캉-

반대로 자신에게 주어지지 않는 것을 알아차리고 일찌감치 포기하는 아이도 있을 수 있습니다. 포기를 선택한 아이는 좀 더 실질적인 자신의 욕망 충족을 위해서 다른 선택을 할 수 있지요. 혼자만의 놀이에 집중하거나 혼자만의 상상의 세계로 빠져 현실을 버텨 나가는 법을 터득할 수도 있습니다. 이렇게 자신의 구조와 패턴을 지닌 채 성장하면서 세상과 관계를 맺어 나가겠지요.

충동이 우연성에서 기인한다는 말은 각각 두 아이가 선택한 포지션을 이행해 나가는 과정에서 확인됩니다. 전자처럼 약자의 위치에서 스스로를 헌신하고 희생시키며 고통을 경험하면서 그 속에서 우연히 포기할 수 없는 만족, 즉 쾌락을 경험하게 됩니다. 아이가 약자의 위치를 느끼며 부모로부터 소외나 강력한 압력을 느낄 때 극단적인 표현으로는 피학적 만족, 혹은 자기연민의 쾌락으로 빠져들 수도 있습니다. 후자의 경우 얻고자 하는 소망을 포기하고 스스로에게 몰입하여 자신만의 세계를 구축하면서 우연히 자폐적 만족을 경험합니다. 아이가 이후의 삶에서 지속적으로 반복되는 구조 혹은 게임을 즐길 수 있다는 말입니다. 이렇게 구조화된 충동과 그 충동으로 인한 고통과 쾌락의 반복은 성인이 될 아이가 반복하게 될 삶과 관계의 패턴을 예고합니다.

▶ 관계 개선을 위한 노력

우리는 무의식의 충동을 이해하려는 노력보다 좀 더 쉽고 빠른 방식으로 충동을 억압하는 기술을 배웁니다. 충동을 알기 위한 노력은 꽤 고단하고 지난하기 때문입니다.

정신의학에는 정신장애에 대한 통계편람(DSM-V)이 있습니다. 인간이 보이는 증상에 셀 수도 없는 진단명을 붙이며 약물을 개발하고, 그 진단명 안으로 충동이 일으키는 증상을 가둬 놓습니다. 일반 심리학 또한 크게 다르지는 않습니다. 과학과 경쟁하면서 인간의 증상과 심리를 양적인 통계와 과학으로 증명해 내려고 합니다.

우리가 무의식을 가정한다면, 무의식이 없다고 부정하지 않는 한 그 과학의 한계 밖에 있는 인간의 정신에 대해 겸손해질 수 밖에 없습니다.

한국인은 그 어느 나라 사람보다 이런 통계에 의한 일반화된 규정과 분류를 즐기는 것 같습니다. 정신의학의 업적과 성과는 훌륭함이 틀림없고 약물과 무수한 치료법이 유용한 것도 부정할 수 없는 사실입니다만, 본질적인 것은 인간의 증상과 현상을 대하는 태도에 있습니다. 무의식을 가정하면서도 마치 무의식이 없는 것처럼 대합니다. 아름답고 사랑스러운 말로 과학적 인과관계를 따져서 그 도식에 따라서만 치유되기를 원하는데, 이는 모순이지요. 오직 논리적인 인과 관계만으로 증상을 이해하려는 것 또한 오만입니다.

예전에는 혈액형별로 성격을 나누었다면, 요즘은 칼 구스타프 융의 심리유형론을 토대로 고안된 MBTI로 자신의 유형을 이해하고 또 타인과의 합을 비교하며 즐깁니다. MBTI의 본질은 나와 타인을 분류하고 이해하기 위한 도구를 만드는 데 있지는 않았습니다. 증상은 표현할 수 없는, 언어로 논리로 표현되지 못한 무엇인가가 발화되니까요. 겉으로 드러나는 증상과 드러나지 않는 관계의 갈등에 대해 할 수 있는 가장 훌륭한 대응은 인내를 가지고 나의 충동을 이해하려는 노력과 태도에 있습니다. 감정을 유발하며 무의식적인 만족을 유지하고자 하는 욕망과 충동을 이해하려는 과정에 있지요.

남편을 버려야 내가 산다

행복한 삶을
맞이하는 자세

"한쪽이 한쪽을 온전히 맞추는 것은 결코 사랑의 형태가 아니다.
지배와 복종의 관계이다."

물리적인 공간이 없다면 시간을 확보하는 일이 중요합니다. 카페에
앉아 멍 하니 있다가 오더라도 자신만의 시간을 확보하고 그 시간을 루
틴하게 만드는 것이 매우 중요합니다.

서로 모두 다 공유하고 나누는 것이 결코 건강한 관계는 아닙니다. 부
부, 부모와 자녀 간에도 명확한 선이 필요합니다. 매일 학교가 끝나면
엄마 턱밑에서 미주알고주알 모든 이야기를 하던 여자아이가 남편이
퇴근하면 남편의 턱밑에서 하루 일과를 만나자마자 모두 이야기하는
모습을 상상해 보세요. 그것이 가족 간의 친밀함과 사랑, 화목함의 기
준이 될 수는 없습니다. 엄마가 정말 안전하고 편안하다고 느끼면 아이

는 오히려 자신이 말하고 싶을 때만 말 할 수도 있습니다. 불안이 높고, 엄마와의 사이의 밀착을 두려워하는 아이일수록 오히려 말이 많아집니다. 알 수 없는 엄마로부터 오는 어떤 위압감과 압도적인 감각으로부터 거리를 띄우기 위해 '말'을 중간에 배치합니다. 그리고 우리 모녀 사이가 매우 친하다고 자위하지요.

▶ 타인의 쾌락을 이해하려는 마음

30대 후반의 지혁 씨는 아내에게 말하지 않는 비밀이 있습니다. 그 비밀은 외도도 주식투자도 아닙니다. 회사가 끝나면 일주일에 두 번 혼자서 서울 시내에 있는 책 읽기 좋은 카페를 찾아다니는 것입니다. 물론 아내에게는 회사에 정기적인 야근이 있다고 둘러대지요. 그렇게 자신만의 시간을 가지다 보니 너무 좋기도 하고 아내에게 미안하기도 한 여러 가지 감정으로 복잡하기도 했습니다. 그래도 포기하기 힘든 자신만의 안락한 무엇이 되고 말았지요. 그 생활을 지속하다 보니 혼자만의 조그만 오피스텔을 갖기를 꿈꾸며 방을 알아보기도 했습니다. 물론 거기까지였고 혼자만의 공간을 상상하고 즐기는 데서 멈추었습니다.

지혁 씨가 이렇게까지 자신만의 시간과 공간이 절실한 데는 집으로 돌아가면 문을 들어서기 무섭게 아내가 쏟아내는 이야기들이 버겁게 느껴지기 시작하면서부터였습니다. 아내를 사랑하고 가족에 대한 애틋한 마음은 누구 못지않은데 퇴근 후에도 이어지는 쉼 없는 말의 홍수와 정보에 숨이 막히는 듯했습니다. 어쩔 수 없이 자신만의 자구책을 만들어 낸 것이지요.

그러던 어느 날 지혁 씨는 사소한 말실수로 그간 누려 왔던 비밀 생활이 탄로 나고 말았습니다. 지혁 씨의 아내는 배신감에 몸서리를 치고 낙담하며 남편이 자신을 사랑하지 않는다고 절망하기까지 했습니다. 아내 입장에서 보면 또 아내대로 그럴 만도 하지요. 종일 아이들을 돌보며 남편만을 기다려 왔는데 남편이 자신만의 굴을 만들어서 즐기고 있었다고 생각하면 하늘이 무너지는 것 같은 서운함이 느껴졌을 것입니다.

정신분석의 눈으로 보면 아내의 배신감의 정체가 남편이 자신 몰래 혼자만의 공간과 시간을 누린 비밀에서 기인하는 것은 아닙니다. 아내가 모르는 쾌락을 남편이 혼자서 즐겼기 때문입니다.

지혁 씨가 누린 쾌락은 아내에게 말하지 않는 비밀의 시간을 만드는 것만으로 그 시간은 일종의 '금지'의 역할을 합니다. 금지가 일어나면 그 금지를 위반하는 것에서 엄청난 긴장과 쾌락이 양산되지요. 카페를 다니며 혼자 갖는 시간 자체가 쾌락이 아니라 그것을 말하지 않은 '비밀'이 되었기에 거기서 쾌락이 생산됩니다. 결국 아내에게 들킨 행위는 그 금지의 즐거움이 효력을 다했거나 자신만의 쾌락을 즐기고 있었다는 죄책감이 더 이상 그것을 유지할 수 없게 만들었을 수 있습니다.

남편과 나 사이에 비밀이 있다는 사실만으로 그가 나를 사랑하지 않는다고 결론짓는 것은 지극히 유아적인 귀인입니다. 우리는 그 누구라도, 부모와 자식, 부부가 결코 서로를 다 알 수도 없고 다 알아야 안전하고 화목한 가족, 부부가 되는 것은 더더욱 아닙니다. 서로에게 말하지 않을 수도 있고 말하지 않아도 어느 만큼은 신뢰할 수 있어야 진짜 건강한 관계이겠지요.

무관심에서 오는 알고 싶지 않음이 아니라, 굳이 묻지 않고 말하지 않는 각자 내적 공간을 허용해 주는 태도가 필요합니다. 그것을 상대나 자신에게 허용할 수 없다면 근본적인 불안이 이미 내 안에 도사리고 있기 때문이겠지요.

▶ 따로 또 함께 행복하게

우리는 공유하지 않는 자신만의 쾌락이 있어야 오히려 좋은 관계를 오래 유지할 수 있습니다. 자신만의 쾌락이 발굴되어야 한다고 말하면 대단한 취미나 대단한 무언가를 찾아내야 한다고 오해하는 경우가 많습니다. 특별하거나 대단히 다이나믹한 무언가를 해야만 쾌락이 있는 것이 아닙니다. 말로 할 수는 없지만 누구와도 공유하지 않는 무엇이면 그것이 지극히 사소하든 하찮은 무엇이라도 좋습니다.

아내는 지혁 씨가 혼자서 카페에 앉아 멍 하니 있고 차도 마시고 했다는 시간 동안 혹 다른 여성을 만나거나 무슨 짓을 한 것은 아닐까 하는 의심으로 이어지기 쉽습니다. 하지만 꼭 대단히 일탈적인 무엇을 해야만 우리가 쾌락을 획득하는 것은 아닙니다. 단지 그것이 자신만의 비밀이었기에 지혁 씨에게는 충분한 쾌락이었습니다. 물론 얼마 가지 않아 스스로 아내에게 발각될 단서를 제공하고 말았지만요.

어떤 대상이 있어야만 하고 그 대상으로부터 사랑의 투영을 받아야만 만족스럽고 그것을 쾌락이라고 느낀다면 절대적인 의존이겠지요. 사랑하는 가족, 연인이라고 해서 모든 삶을 동일시할 필요는 없습니다. 제각기 그 속에서 자신만의 역사를 만들어야 합니다.

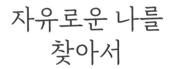

자유로운 나를
찾아서

"타인의 관심과 배려, 사랑이 아니면 자신의 존재에 심각한 타격과 불안정을
겪는다면 멈추어서 스스로에게 질문할 때이다."

남녀 관계에 대해서 여러분과 함께 깊은 사색과 사유를 이어 나가기를 바라는 마음으로 이 원고를 쓰기 시작했습니다. 우리를 지배하는 가부장적인 질서와 유교적인 금지, 그리고 무엇보다 남성적 시선에서 우리 스스로를 바라보고 가두는 일을 멈추기를 간절히 바라는 마음이기도 합니다.

부부의 관계가, 연인의 관계가 서로에 관한 육체적 순결성을 담보한다고 해서 온전한 관계가 될 수 없음은 지극히 자명한 사실입니다. 강박적인 순결성에 목매는 순간 그것은 절대적인 권력이 되고 그 권력은 죄인을 만들기 마련입니다. 매일 길을 지나는 여성을 보며 성적인 환타지

남편을 버려야 내가 산다

를 꿈꾸는 남성이 오직 아내와만 섹스를 했다고 해서 우리는 그가 진정한 사랑을 했노라고 말할 수 없습니다. 반대로 무수한 여성과 섹스를 즐기면서 "오직 내 마음은 당신에게만 주는 것이야"라고 말한다고 그가 진정한 사랑을 하는 자라고 말할 수도 없습니다. 그렇다면 나는 어디쯤에 서서 사랑과 관계를 꿈꾸고 바라보고 있을지 자문하고 자신만의 답을 만들어야 합니다.

물론 그렇다고 해서 육체적 자유로움이 전부가, 진짜가 될 수도 없습니다. 서로에 대한 충실과 신의를 어떤 방법으로 어떻게 관계지어 나갈지는 그들 자신만의 고유한 무엇이 되어야 하니까요. 그 어떤 잣대도, 상식이라는 기준으로도 관계가 폭력적으로 평가되고 판단되어서는 안 됩니다.

▶ 스스로를 속이는 사랑의 알리바이

세상은 무수한 알리바이에 의해 돌아갑니다. 다시 말하면 무의식은 무수한 알리바이로 의식을 설득합니다. 임상에서 혹은 관계의 역동을 살펴보면 참으로 그렇습니다. 우리가 스스로를 설득시키는 무수한 논리들 즉 알리바이 이면으로 무의식적인 다른 무엇이 실재하고 있기 때문입니다. 라캉은 더 나아가 모든 것은 알리바이라고 말하기도 했습니다. 가령, "누군가에게 상처 주고 싶지 않아서 새로운 선택을 할 수가 없다"라고 말하고 있다면 그는 그 알리바이로 스스로를 완전히 설득하고 이해시켰겠지만 사실은 내 삶에 대한 책임을 그 누군가에게 넘겨주고 있다고 볼 수 있지요. 그 이면에는 철저히 의존을 벗어나고 싶지 않은 스스로의 요구가 있을 수도 있고 다르게는 진정으로 상대를 원하면서도 의식의 차원에서는 상대를 밀어내면서 게임을 즐기려 하는 이유가 있을 수도 있지요.

　오래전 40대 후반의 한 여성이 상담실을 찾았습니다. 그녀는 시댁과의 갈등과 시어머니의 일방적이고 폭압적인 태도로 오랫동안 고통을 받아 왔습니다. 그녀와의 상담은 매우 극적으로 끝이 났습니다. 그녀가 상담실을 찾은 이유는 고통의 이유를 찾고 고통에서 벗어나 자신의 삶을 살고자 함이 아니었습니다. 시어머니에 대한 부당함과 부조리함에 대한 동의를 상담자로부터 얻어 내기 위함이었습니다. 제가 그 과정을 지나 내담자 스스로가 자신의 삶에 대해 가져야 하는 책임과 실천을 논의하기 직전에 상담은 끝이 났습니다.
　그녀가 상담을 시작한 이유는 '나는 이렇게 상담실까지 찾아 할 만큼 했다'라는 알리바이를 만들기 위함이기도 했습니다. 모든 책임은 시어머니에게 있고 지금부터 내가 하는 선택의 당위를 확보하기 위한 방편이었을 수 있지요. 그녀는 온전한 피해자로 남아 피해자가 휘두를 수 있는 약자의 권력을 행사해 나갈 수도 있습니다. 분석가가 그녀의 알리바이에 협조한 권위자로 전락하는 순간이지요.

제가 상담 시간에 자주 하는 말이 있습니다.

"스스로에게 속지 마십시오."

우리 의식을 지나가는 무수한 이유와 의미에 현혹당하지 않기를 바랍니다. 더 깊이, 더 집요하게, 더 집중해서 자신을 바라보기를 권합니다. 그곳에서 상상하지 못했던 폐허를 만나겠지만 그 죽음의 장소에서 기대할 수도 없었던 새로운 씨앗이 자라는 것도 보이기 시작할 것입니다.

안정을 향해 가지만 결코 온전한 안정에 도달할 수 없는 것이 인간의 삶입니다. 그것들에 대한 관심과 의구심을 해결하기 위한 근본적인 물음과 고민을 편리함과 타협하지 않아야 삶에서 진정으로 얻어지는 것이 있으나 그것 또한 선택인 듯 보입니다. 물론 불쾌와 고통을 피하기 위한 최선과 발버둥이 더 많은 고통과 삶의 갈등, 처절함 들을 유발하는 아이러니에 처하기도 하지요.

오직 사랑받는 것, 타자들로부터의 관심과 배려, 사랑이 아니면 스스로의 존재에 심각한 타격과 불안정을 겪는다면 멈추어서 스스로에게 질문을 돌려야 할 때입니다.

▶ 빛나는 여성성을 탐닉하는 일

남성 중심의 시선에서 바라보는 여성성이 아니라 구조적인 측면에서 진짜 여성성은 결여를 탐닉합니다. 결핍을 욕망하면서도 그 결핍을 채워줄 대상들을 찾고 요구하는 소녀가 아니라 진정한 결여를 찾아 그 결여에 여성 자신이 색을 입히면서 정체성을 획득합니다.

도무지 어울릴 것 같지 않은 남녀 커플을 보는 경우가 종종 있습니다. 더 나은 상대, 더 번듯한 사람을 만날 수 있을 것 같은 여성들이 납득하기 어려운 상대의 남성에 매료되는 차원을 넘어 매몰되어 끌려다니는 모습도 볼 수 있지요. 남성이 가진 치명적인 결함 곁에서 여성은 그 결함을 반짝이는 보석으로 만들면서 정체성과 쾌락을 획득합니다. 그래서 그에게 없어서는 안 될 유일한 여성이 되고 그에게 소속되는 과정을 통해 자신의 일부를 포기하지만 역설적으로 그를 갖게 됩니다. 자신을 잃으면 반짝이는 빛도 함께 잃어버릴 치명적인 구멍을 갖고 있는 남성에게 여성들은 매료되는 것이지요.

많은 여성이 이해하기 어려운 대가를 치르면서도 한 남성에게 속하기 원하는 것은 그를 갖기 위해서는 자신의 일부를 포기해야만 가능한 일이기 때문입니다. 중요한 것은 이런 희생과 자기포기를 즐기는 것인데, 즐기기에 반복적인 대상을 찾게 되지요. 무엇을 어떻게 즐기고 있었고 어떤 쾌락에 매몰되어 있었는지를 의문하고 알아차린다면 고통과 불행의 원인을 오직 남편이나 대상들에게서 찾는 일은 멈출 수 있겠지요.

유명한 일화처럼, 지갑을 잃어버린 곳은 다른 어두운 골목인데 불이 환하게 켜져 편리하게 둘러볼 수 있는 가로등 아래서 열심히 찾고서 할 만큼 했다고 자위하는 일은 멈출 수 있겠지요. 지갑을 잃어버린 그곳으로 가 그 어둠을 밝힐 수 있는 것이 여성이 가진 가장 빛나는 여성성, 그러니까 여성만이 할 수 있는 결여와의 조우입니다.

참고 문헌

《당신의 징후를 즐겨라》, 슬라예보 지젝 저, 주은우 역, 한나래, 2013

《라깡과 정신 분석임상: 구조와 도착증》, 조엘 도르 저, 홍준기 역, 아난케, 2013

《라캉의 인간학(세미나7 강해)》, 백상현 저, 위고, 2017

《여자는 무엇을 원하는가》, 세르쥬 앙드레 저, 홍준기 외 역, 아난케, 2010

《여자에겐 보내지 않은 편지가 있다》, 대리언 리더 저, 김종엽 역, 문학동네, 2010

《자기분석》, 카렌 호르나이 저, 이태승 역, 민지사, 1988

《자크 라캉세미나 11: 정신 분석의 네 가지 근본개념》, 자크 알렝 밀레 저, 맹정현 역,

새물결, 2008

《질투, 사랑의 그림자》, 폴 로랑 아숭 저, 표원경 역, 한동네, 2021

《철학의 위안》, 보에티우스 저, 박문재 역, 현대지성, 2018

남편을 버려야 내가 산다